왜
아무 이유없이
우울할까?

왜
아무 이유 없이
우울할까?

장속 세균만
다스려도
기분은 저절로
좋아진다

가브리엘 페를뮈테르 지음 | 김도연 옮김

📖 동양북스

모든 질병은 장에서 시작된다.

_ 히포크라테스

■ **일러두기**
본문의 각주는 모두 옮긴이 주다.

날마다 행복을 주는
나의 두 딸인 오리안과 에바에게,
너무나도 특별한 나의 어머니에게,
내 곁에서 늘 함께하는 제롬 형에게,
내가 걸어가야 할 길을 비춰준 아버지와의 추억에.

차례

내 몸을 위해 알아두면 좋을 말! 말! 말!

이 책에서 소개하는 용어들은 여러 매체에서 자주 거론될 뿐만 아니라 일상에서도 흔히 쓰이는 것들이다. 내게 진료받으러 오는 환자들만 보더라도 아픈 곳을 말하거나 적절한 치료법에 관해 대화할 때 이 말들을 섞어 쓰곤 한다. 그런데 과연 우리는 이 의학용어들이 의미하는 바를 정확히 알고 사용하는 것일까?

그래서 본격적인 내용 설명에 앞서 정확한 의미도 모른 채 무분별하게 사용되는 용어들의 뜻을 명확히 짚고 넘어가려한다. 이 책은 여기 소개된 용어들을 중심으로 이루어져 있는데다가, 나는 그 용어들을 초석으로 삼아 복잡한 개념을 차곡

왜 아무 이유 없이 우울할까?

차곡 쌓아나갔으므로 정확한 단어의 뜻을 모르면 내용을 이해하는 것 또한 쉽지 않을 것이기 때문이다.

세균

지금으로부터 약 38억 년 전 지구상에 나타난 생명체이자, 단 한 개의 세포로 이루어진 살아 있는 유기체다. 유전물질인 DNA를 품고 있지 않으며, 보호할 핵도 지니고 있지 않다. 스스로 물질대사를 하는 세균은 자가복제하며 주위 환경에 적응하면서 살아간다. 따라서 살아 있는 세포에 기생하고, 세포 안에서만 증식이 가능한 바이러스와는 엄연히 다른 존재다.

네덜란드의 박물학자 안톤 판 레이우엔훅Anton van Leeuwenhoek이 현미경을 발명한 덕분에 인류는 눈에 보이지 않는 세균의 세계를 비로소 들여다볼 수 있게 되었다. 수백만 종의 세균이 존재한다고 알려졌지만, 현재까지 밝혀진 세균의 수는 약 1만 종에 불과하다. 이 중 일부 종만이 병원성 세균이며, 대부분은 인체에 무해한 데다가 심지어 이롭기까지 하다. 그럼에도 세균은 오랫동안 박멸의 대상으로 취급되어왔다. 그러나 우리

가 살아갈 수 있는 까닭이 세균들 덕분이라는 사실을 잊어서
는 안 된다.

이 책은 많은 세균 가운데 퍼미큐티스[firmicutes], 박테로이데
테스[bacteroidetes], 락토바실루스[lactobacillus] 계열에 속하는 세균들
을 중심으로 다루고 있다.

공생 장애 또는 장내 미생물 불균형

우리는 세균과 공생하며 살아간다. 그런데 우리가 섭
취하는 음식이나 복용하는 약, 생활 방식과 생활환경
같은 여러 가지 외부 요인들 때문에 세균과의 공생관계가 깨
지곤 한다. 이렇게 몸속 세균 수가 감소하고 '세균의 생태계'
가 무너져 세균이 우리의 건강을 위해 더는 일할 수 없는 상태
를 '공생 장애' 또는 '장내 미생물 불균형'이라고 일컫는다.

분변 이식

🦠 과학적 명칭은 '분변 미생물군 이식'으로, 이 책에서 자주 언급할 치료법이다. 통상적인 치료로는 고치기 어려운 대장 감염에 있어서, 분변 이식은 어쩌면 가까운 미래의 치료법이 될 수도 있다. 이름에서 알 수 있듯이 기증받은 대변을 환자에게 이식하는 치료법이다. 이 치료법은 기증자를 선별하고 기증받은 대변을 환자에게 주입해야 하므로 매우 까다로운 과정을 거친다. 우선 대변을 이식하기 전에 환자의 대장을 '씻어내는' 작업이 필요하다. 그리고 나서 대장내시경이나 위내시경을 통해 필터로 거른 대변을 환자의 장에 직접 주입하거나, 환자가 대장균으로 가득한 연질캡슐을 복용하게끔 한다.

호르몬

🦠 인체에서 생성되는 호르몬은 수천 종에 달한다. 화학물질인 호르몬은 인체의 각종 샘gland이나 조직에서 분비되며, 혈액 속을 순환하다가 다른 샘 혹은 조직의 수용체들

과 만나 작용한다. 호르몬은 생리현상과 함께 행동을 조절하는 신호 전달 역할을 하는데, 호르몬이 얼마만큼의 효과를 내느냐는 수용체의 질에 달려 있다.

호르몬 중에는 에스트로겐과 프로게스테론 그리고 테스토스테론 같은 성호르몬, 췌장에서 분비되는 인슐린, '행복 호르몬'이라고 불리는 도파민과 세로토닌, 위급한 상황이 발생했을 때 반응을 일으키는 아드레날린 등이 있다.

정크푸드

영양가가 낮은 질 나쁜 음식을 말한다. 패스트푸드점에서 판매하는 소스 범벅의 햄버거라든가 감자튀김은 물론이고, 가공식품, 탄산음료 그리고 섬유질은 사라지고 설탕만 남은 과일주스도 정크푸드에 속한다. 한마디로 당분과 지방, 단백질이 필요 이상으로 과하게 들어간 음식이 정크푸드다. 그런 의미에서 정통 일본 식당과 다르게 밥을 많이 넣고 적은 양의 생선을 그 위에 올리는 이른바 가짜 초밥들도 정크푸드에 해당한다.

정크푸드에 함유된 감미료와 유화제는 우리 몸속의 세균들

왜 아무 이유 없이 우울할까?

을 파괴할 뿐 아니라 정신 건강에도 악영향을 미친다. 게다가 탄수화물 50퍼센트, 지방 30퍼센트, 단백질 20퍼센트로 구성된 균형 잡힌 식단과 다르게 정크푸드에는 당분이 과다하게 들어 있어 비만을 유발한다. 문제는 체내에 너무 많은 당분이 유입되면 식물성기름이나 생선 등에 있는 좋은 지방, 식물성 단백질과 흰 살코기의 단백질도 파괴된다는 점이다. 무엇보다 우려되는 점은 정크푸드의 종류가 워낙 많아서 결국 우리가 직면할 수밖에 없는 공중보건상의 문제점을 낳는다는 것이다.

대사산물 혹은 대사물질

뇌를 비롯한 우리 몸의 세포와 장내 미생물이 대사 작용을 통해 생산하는 물질을 이른다. 이 물질은 혈액 내에서 순환하며, 인체와 뇌 기능에 영향을 미치고 우리의 행동을 조절한다.

이 책에서는 여러 대사산물 중에서도 글루타민산, 아미노산, 단쇄지방산, 담즙산 등을 중점적으로 언급하고 있다.

미생물

어릴 적에 내 아버지는 인간의 몸을 보호하기 위해 몸 속을 돌아다니는 '로빈'과 '아멜리'라는 친절한 두 미생물에 관한 이야기를 들려주시곤 했다. 내가 의사로서의 길을 걸을 수 있던 것은 바로 그 이야기 덕분이었다.

그렇다면 미생물은 언제부터 우리에게 알려지기 시작했을까? 미생물이라는 말을 처음 쓰기 시작한 사람은 프랑스의 외과의사인 샤를 세디요Charles Sédillot로, 1878년에 그는 매우 작은 생명체들을 지칭하기 위해 '작다'라는 뜻인 그리스어 'mikròs'를 차용해 이 단어를 만들어냈다.

그리고 이 단어가 만들어진 지 한 달 후, 의학적인 발견이 이루어졌다. 프랑스의 화학자이자 미생물학자인 루이 파스퇴르Louis Pasteur가 의학아카데미에서 '질병의 세균 이론germ theory of disease'을 통해 질병의 원인이 미생물임을 주창한 것이다. 동시에 그는 인간이 나쁜 생명체로 여기는 미생물 대다수가 실제로는 우리 삶에서 중요한 역할을 담당할 뿐 아니라 지구상 모든 생명체의 건강과 이익을 위한 원천이라고 주장했다.

왜 아무 이유 없이 우울할까?

미생물총

지구와 지구상의 각 생명체 안에 자리 잡고 살아가는 세균, 효소, 바이러스 등을 통칭하는 말이다. 인간을 포함한 동물의 피부, 구강, 질, 폐, 대장 등의 인체 기관마다 미생물총이 존재한다. 그중에서도 장에 가장 많은 미생물이 살고 있으며, 성인의 장내에 사는 미생물의 무게만 1.5킬로그램에 달한다고 전해진다. 그 때문인지 장내 미생물에 관한 연구가 가장 많이 이루어지고 있다. 장내 미생물총의 밀도는 대변을 통해 확인할 수 있는데, 대변 1그램당 1조 마리의 세균이 밀집해 있어 장은 지구에서 '거주' 밀도가 가장 높은 장소라고 할 수 있다.

신경전달물질

두 개의 뉴런을 연결하는 결합부인 시냅스에서 분비되는 물질들로, 다른 뉴런 혹은 세포에 영향을 끼친다. 이 물질들은 화학반응을 유도하는 촉매제 역할도 하는데, 그중 감정을 일깨우는 물질인 도파민, 세로토닌, 노르아드레날린

이 가장 많고, 때로는 억제제 역할을 하는 물질인 가바^{GABA}도
포함된다. 이 물질들은 다양한 기능을 수행할 뿐 아니라 기분,
스트레스, 감정, 집중, 즐거움 등의 변화에 따라 혈관을 팽창
시키거나 기관지와 장을 수축시키기도 한다.

프리바이오틱스

우리가 먹는 음식의 일부인 화합물로, 위와 소장에서
소화되지 않는다. 그 대신에 대장 내 세균의 먹이가 되
어 그들의 성장을 돕는다. 일반적으로 건강에 긍정적인 효과
를 준다고 알려진 '식이섬유'를 말하며, 주로 과일이나 채소
등에 풍부하게 들어 있다. 식품 보조제 형태로도 나와 있어 시
중에서 쉽게 구할 수 있다.

프로바이오틱스

살아 있는 유기체나 세균 또는 효모를 뜻하며, 장내 미
생물총을 다양하게 만들어 건강에 이로움을 준다. 프로

왜 아무 이유 없이 우울할까?

바이오틱스에는 다양한 공급원이 존재하는데, 음식 중에서는 요구르트, 발효 유제품, 유산균 음료, 소금에 절인 발효 양배추인 사우어크라우트이고, 유기농 마트에서 살 수 있는 '살아 있는' 맥주 효모, 소시지, 경질치즈의 딱딱한 껍질 등이 바로 그것이다. 유럽에서는 프로바이오틱스 효능을 지닌 건강기능식품이라도 프로바이오틱스라는 명칭을 사용하는 것이 법으로 금지되어 있기 때문에 대부분 '유산균'이라는 이름으로 판매되고 있다.

요구르트

두 종의 살아 있는 세균을 번식시켜 만든 발효유를 말한다. 두 세균 가운데 하나는 락토바실루스 불가리쿠스 lactobacillus bulgaricus로, 요구르트를 많이 섭취한 덕분에 장수를 누린다고 알려진 불가리아인들에서 그 이름을 따왔다.* 또 다른 균은 스트렙토코쿠스 써모필러스 streptococcus thermophilus다.

*―― 엄밀히 말해서 불가리아 산악지대 농부들이 먹었던 박테리아와 같은 종류는 아니다. 락토바실루스 불가리쿠스는 1905년에 불가리아의 의사인 스타먼 그리고르브 Stamen Grigorov가 처음 발견한 것으로, 이 박테리아는 대부분 소화과정에서 죽고 극히 적은 수만 살아남아 대장에 도착한다고 알려졌다.

만일 다른 세균의 개입으로 발효가 된다고 하면 그 제품이 요구르트와 비슷하다고 할지라도 엄격한 의미에서는 요구르트가 아니므로 요구르트라는 이름을 붙일 수 없다. 그저 발효유일 뿐이다. 달콤한 요구르트도 있지만 나는 이러한 제품의 가치는 논하지 않을 생각이다. 발효유가 요구르트보다 어느 정도 좋은 점들을 지니고 있다고 섣불리 판단하지 않으려 한다.

1장

나는 정말로
예민한 사람일까?

왜 어떤 사람은 술을 많이 마셔도 건강할까?

———● 　내가 장내 미생물 세계에 관심을 두기 시작한 건 2000년대 초반쯤에 우연히 읽게 된 한 과학책 덕분이었다. 당시에도 미생물의 존재는 익히 알려져 있었다. 파스퇴르의 제자이자 1908년에 노벨 생리·의학상을 받은 러시아의 생물학자 일리야 메치니코프Il'ya Metchnikoff도 20세기 초에 미생물이 인체 내에서 긍정적인 역할을 한다고 말한 바 있지 않은가. 인간을 포함한 모든 생명체는 미생물과 떼려야 뗄 수 없는 관계며, 모든 생명체의 안에는 미생물의 그림자가 드리워져 있다.

　하지만 배 속에 사는 미생물에 관한 연구는 인간의 게놈을 해석하고 불멸을 향한 여정을 여는 다른 모든 과학적인 진보에 비하면 오랫동안 제자리만 맴돌고 있다.

나는 간과 소화기 관련 질병을 앓는 환자들을 진료할 때마다 '왜 어떤 사람은 술을 많이 마셔도 건강한데 어떤 사람은 같은 양을 마시거나 그보다 더 적게 마시는데도 병에 걸리고 급기야는 사망에까지 이르는 것일까?'가 늘 의문이었다. 그래서 이 질문에 대한 답을 알아내기 위해 새로운 단서들을 찾아 나섰고, 마침내 장내세균이 문제의 답이 될 수 있으리라는 생각에 다다랐다.

그리고 이 문제를 본격적으로 파헤치기 위해 국립보건의학연구소^{INSERM, Institut National de la santé et de la recherche médicale} 산하의 연구팀을 꾸렸다. 의도한 것은 아니었지만 우리 팀은 간과 미생물총의 관계를 연구하는 선두주자로 이름을 떨치기 시작했다. 해를 거듭할수록 장내세균은 우리의 특별 관심사로 떠올랐으며, 연구 주제는 간 분야를 넘어 자연스레 사람의 복잡한 행동 등을 통솔하는 뇌를 비롯해 신체조직 전반에 영향을 주는 미생물의 역할로 이어졌다.

처음에는 그야말로 팔을 걷어붙였다. 나는 파리 근교의 병원들을 일일이 돌아다니며 얻어낸 입원환자들의 분변을 그곳에서 몇백 미터 떨어진 연구소로 옮겨야 했다. 내 작업이 다 끝나면 팀원인 안마리 카사르^{Anne-Marie Cassard}가 분변을 실험실

쥐들에게 이식했다.

　이러한 과정을 반복하다 보니 우리는 장내에 서식하는 100조 마리 세균 중 일부의 속성을 발견할 수 있었다. 세균은 마치 공장처럼 인간과 동식물이 살아가는 데 꼭 필요한 물질을 생산하는 역할을 하는데, 이 세균이 인간 저마다의 서로 다른 수많은 특성에 따라 다양하게 형성되는 것이 아닌가.

　연구를 할수록 새로운 사실들이 발견되자, 우리는 정신분석학 같은 의학 분야에서 수 세기 동안 발전하고 다듬어진 대다수 가설에 의문이 들기 시작했다. 궁금증을 해결하기 위해 연구들을 거듭하다 보니 자연스레 우리 팀은 신체뿐만 아니라 경증에서 중증에 이르는 행동장애와 행동 변화에 대해 폭넓게 이해할 수 있게 되었다. 그렇다면 미생물총은 우리의 신체와 정신 건강에 관해 어떤 비밀을 숨기고 있을까?

　의학적인 관점에서 보면 정신은 단지 영혼이나 마음만을 일컫는 게 아니라 신경전달물질과 호르몬으로 이루어져 있다. 우리의 기분은 아드레날린과 도파민 그리고 세로토닌같이 몸에서 분비되는 화학물질에 좌우된다. 물론 현재는 그 역으로 기분이 화학물질의 분비를 좌우하기도 한다는 사실이 밝혀졌다. 이를테면 시험 결과가 좋았을 때처럼 내가 목표한 바를 달성하면 우리 몸은 더 많은 도파민을 분비하고 그로 인해 나의 행복감도 커진다. 실제로도 이러한 화학물질의 생성, 양과 질, 신경 수용체에 의한 수용 여부는 유전적 요인, 환경, 체질 등에 따라 달라진다. 미생물총 역시 이 요인들 가운데 하나지만, 어쩌면 몸과 정신의 수많은 불균형을 설명할 수 있는 주요 요인일 수도 있다.

내가 세균에 관심을 가진 이래로 지금까지 인상에 남은 것이 하나 있다. 세균은 지금으로부터 약 38억 년 전, 지구상에 처음 그 모습을 드러냈는데 이는 대기 중에 산소가 생성된 때로부터 1억 년이 흐른 뒤였다. 인류가 역사에 발자취를 남기기 시작한 게 고작 약 700만 년 전의 일이라는 사실을 떠올린다면 그저 놀라울 따름이다. 그 후 세균은 우리의 지구에서 가장 작은 곳들로 파고들었으며, 인류가 등장한 이후에는 우리의 내장 안에까지 자리를 잡았다. 인간이 지금과 같은 고등 생명체로 진화하는 데에도 오랜 세월이 걸렸지만, 세균의 진화 속도는 느려도 너무 느렸다. 적어도 세균의 진화 속도에 영향을 줄 만큼 부자 나라들이 발전을 가속화하기 전까지는.

사실, 우리는 결핍으로 가득했던 수만 년의 시간을 눈 깜짝할 사이에 보내버렸다. 굶기 일쑤였던 시대를 지내다가 인간 역사상 유례없이 풍족한 식량의 시대로 건너뛴 것이다. 그 때문에 우리의 장내세균들은 과도기도 거치지 않은 채 완전히 변해버린, 산업화된 가공식품에 적응해야만 했다. 설탕과 기름과 착향료와 첨가물로 범벅이 된 식품들은 물론이거니와 인류가 집약농업을 영위하기 위해 화학비료를 잔뜩 사용해 재배한 과일과 채소 들에 말이다.

하지만 지금껏 지구의 역사에서 그래왔듯이 이 거대한 변화의 바람 앞에서도 어떤 세균들은 살아남았다. 어쩌면 공백을 허용하지 않는 자연이 우리가 미처 알아채기도 전에 인류에게는 별로 유익하지 않은 다른 종의 세균들로 그 빈틈을 채웠을지도 모른다. 아니면 그 세균들이 우리에게 적응하는 데 시간이 좀 더 필요한 것일 수도 있다. 어찌 되었든 우리 몸속에서는 지금도 조용한 혁명이 계속되고 있다.

문제는 이러한 환경 변화가 초래할 영향을 우리가 여전히 다 파악하지 못했다는 데 있다. 다만 분명한 사실은 세균 종이 줄어드는 지역에서는 언제부터인가 정확한 발병 원인을 알 수 없는 자가면역질환, 우울증, 중독, 자폐증 같은 병증을 앓는 사람들이 증가하고 있다는 점이다. 이 병들은 고도로 발달한 현대의학으로도 고칠 수 없다.

그럼에도 언젠가는 이 질병들을 고칠 수 있으리라는 희망을 품고 살아가는 사람들을 위해서라도 과학자들은 인간과 세균의 메커니즘을 하루빨리 규명해야 할 것이다.

감정의 결핍인가
세균의 결핍인가

───● 대규모의 세계적인 연구팀에 소속된 전문가들은 수천 종의 세균 중에서 몇 종의 세균만을 선택해 평생 연구한다. 미국 로스앤젤레스에 있는 캘리포니아대학교 UCLA의 소화기질병 분과에 소속된 커스틴 틸리쉬Kirsten Tillisch 교수가 이끄는 팀도 마찬가지다. 이들은 스트레스와 회복력을 다루는 신경생물학센터에서 인간의 정신상태에 영향을 미치는 프레보텔라prevotella와 박테로이데스라는 두 세균만을 집중적으로 연구한다.

그중에서도 2017년에 진행했던 연구가 학계의 이목을 끈 적이 있다. 연구팀은 18세에서 55세까지의 건강한 여성 40명을 선발해 그들의 대변에 들어 있는 장내 미생물을 분석했다. 실험 참가자 중에서 7명은 프레보텔라 비율이 평균치보다 훨씬 높았으며, 나머지 33명은 박테로이데스를 더 많이 가지고 있었다.

분석이 끝난 뒤에는 실험 참가자들을 대상으로 한 '파나스'* 테스트가 이루어졌다. 참가자들 모두가 같은 이미지들을 보며 어떤 이미지는 슬프다고 느꼈고 또 어떤 이미지는 유쾌하다고 느꼈다. 연구팀은 파나스를 통해 이미지들 하나하나가 실험 참가자들에게 불러일으킨 긍정적이거나 부정적인 효과를 측정해나갔다.

40명의 여성은 긍정적인 이미지를 볼 때는 유쾌한 감정을 드러내며 거의 똑같다고 할 수 있을 정도로 비슷한 반응을 나타냈다. 그 반면에 슬프고 부정적이며 비극적인 이미지를 대했을 때는 참가자들의 미생물총 내 프레보텔라가 차지한 비율에 따라 큰 차이를 보였다. 프레보텔라를 평균 이상으로 보유한 7명은 각자가 처한 상황이나 과거의 경험, 스트레스 정도, 이전에 했던 일들과는 무관하게 더 민감하고 더 정서적

* —— 심리학에서 사람의 행복한 감정을 측정하기 위해 사람이 어떤 대상에게 얼마나 관심을 두고 있는지 묻는 도구를 '파나스'라고 부른다.

인 반응을 보였다. 그래서일까? MRI로 이들의 뇌를 살펴보니 감정을 주관하는 부분이 프레보텔라를 덜 가지고 있는 다른 33명에 비해 눈에 띌 정도로 활성화되어 있었다.

연구팀은 이러한 결과가 인종별로도 다르게 나타나는지에 대해 의문을 가졌다. 그래서 미국인과 아프리카인을 대표할 수 있는 이들을 추린 다음 그들의 미생물총 내 프레보텔라의 비율을 비교했다. 그 결과, 서양인에게서는 프레보텔라 보유량이 현저히 적게 나타났다. 이는 고당분과 고지방에 식이섬유가 적은 가공식품 위주로 된 서양인들의 식습관으로 체내의 세균 다양성이 줄어들었기 때문이다. 이러한 결과가 의미하는 바는 무엇일까? 서구화된 식습관으로 우리 몸속 세균 생태계가 무너진다면 우리는 어떻게 되는 것일까? 그리고 아프리카 사회보다 미국 사회에 개인주의가 만연하고 사람들의 공감 능력이 점점 떨어지는 사회현상도 이와 관련된 것일까?

과학자로서 나는 이 질문에 대한 답을 제시해줄 수 없다. 이를 뒷받침해줄 과학적 증거가 전혀 없기 때문이다. 그런데도 과학적 언어에 반하는 생각이 자꾸만 들어 마음이 몹시 복잡하다.

뒤에서 이야기할 다른 연구들처럼 앞서 살펴본 실험들의 결과는 어지러울 정도로 우리의 시야가 넓어지는 데 일조하

왜 아무 이유 없이 우울할까?

고 있다. 세균의 작동 기전에 대해서는 지금도 전부 밝혀지지 않았지만, 우리가 살아가는 방식에 영향을 주는 것만은 확실하다. 우리가 감수성이 풍부한 사람이든 그렇지 않든, 다른 이의 고통과 슬픔과 불행에 더 민감하든 그렇지 않든 말이다.

틸리쉬 교수팀의 연구 사례를 살펴보다 보니 한 가지 의문이 머리를 들고 일어났다. 연쇄살인범, 학대를 일삼는 사람, 집단학살을 일으킨 이들이 범죄를 저지른 이유가 프레보텔라의 결핍 때문은 아니었을까? 만약 그렇다면 프레보텔라의 결핍이 정상참작의 사유로 받아들여지는 날도 오지 않을까? 이 질문을 보며 코웃음 치는 이가 있을지도 모르겠다. 하지만 인간의 자유의지라는 풀기 어려운 문제에 이런 철학적 사유를 얹는 것은 당연하지 않은가. 어쩌면 미래에는 지나치게 예민하고, 지나치게 감성적이고, 지나치게 수줍은 사람들이 박테로이데스나 다른 세균 칵테일을 통해 감정을 조절할 수 있을지도 모른다.

세균의 꼭두각시에 불과한 우리

─────● 나라는 존재의 의미와 존재 방식, 성격, 감정, 심리적 문제들이 장내에 살아 있는 세균들에 의해 바뀔 수 있을까? 이 질문이 어떤 사람들에게는 미친 소리처럼 들릴 수 있다는 걸 안다. 하지만 세균을 과소평가해서는 안 된다! 이들에게 뇌가 있는 것은 아니지만 두뇌를 가진 존재들에게 놀라우리만치 영향을 준다. 세균은 뇌를 가진 생명체의 뇌를 통제할 수 있는 것은 물론, 감정과 욕구와 지적 능력과 나와 타자에 대한 인식을 바꾸어놓을 뿐만 아니라 심지어 숙주가 자살하게끔 몰아세우기도 한다.

혹시 톡소포자충증을 유발하는 기생충인 톡소포자충

toxoplasma gondii에 대해 들어본 적 있는가? 이 기생충에 감염된 쥐는 자살을 할 수밖에 없는데, 자살 외에는 다른 선택의 여지가 없기 때문이다. 톡소포자충에 감염된 쥐는 고양이를 무서워하기는커녕 오히려 생리적으로 거부감을 느끼던 고양이 소변 냄새에 매혹당하고 만다. 그러고는 고양이를 쫓아가서 결국은 그 입속으로 자신의 몸을 던진다. 이것이 바로 기생충의 생존 전략이다. 기생충이 자신의 생활주기를 유지하고 개체 수를 늘리기 위해 숙주인 쥐를 조종하는 것이다. 그러니 톡소포자충이 마음만 먹으면 언제든지 자기를 죽음으로 몰고 갈 수도 있으므로 쥐는 기생충에게 복종할 수밖에 없다.

　이와 똑같은 방식을 써서 개미를 굴복시키는 곰팡이도 있다. 발음하기조차 어려운 오피오코디셉스 우닐라테랄리스 ophiocordyceps unilateralis라는 이름의 미세 곰팡이다. 이 곰팡이에 감염된 개미는 좀비처럼 변해 자신이 살던 개미집에서 나와 특정 식물 줄기를 따라 기어 올라간 뒤 줄기에 아래턱을 박은 다음 죽어간다. 개미의 정신상태를 점령한 곰팡이는 자신의 포자를 더 멀리 퍼뜨리며 증식해간다.

　다행히도 우리의 장내세균들은 이들처럼 제멋대로 행동하지 못한다. 우리의 존재 방식이 정립해가는 데 다른 요인들도 작용하기 때문이다. 그런데 불과 얼마 전에 세균이 신경 회로와 관련 있는 신경 자극제와 신경전달물질을 조절할 수 있다는 사실이 밝혀졌다. 세균의 존재 여부와 수의 증가나 감소에 따라 우리의 보상 호르몬, 즉 쾌락을 주관하는 호르몬 회로에 개입한다는 것이다. 다시 말해 세균은 불안, 우울, 중독 메커니즘에 관여해 우리가 알코올, 설탕, 정크푸드 등을 탐닉하도록 한다. 심한 경우에는 우리 자신이나 타인에게 폭력을 가하게 만든다. 극단적으로 이야기하면 우리의 장내세균은 우리를 자살행위로 이끄는 능력까지 지닌 셈이다.

뒤에서 자세히 다루겠지만 여기서 잠시, 세균이 일으킬 수 있는 여러 문제 가운데 누구라도 빠질 수 있는 '중독'을 짚고 넘어가자. 우리는 중독이라는 문제 앞에서 평등하지 않다. 중독에 쉽게 빠지는 사람이 있는가 하면 또 중독으로부터 빠르게 빠져나오는 사람도 있다. 그럼 이 같은 경우에는 저마다의 의지의 차이라고 봐야 할까, 아니면 유익균의 수에 따른 것이라고 봐야 할까?

내가 진료한 환자들 중에는 하나의 중독에서 벗어난 뒤 얼마 안 가 다른 중독으로 빠지는 사람들이 있었다. 어떤 환자는 알코올의존증을 고친 후에 식탐에 빠져 한동안 먹는 데 열중했고, 오랫동안 고강도 스포츠 활동을 한 사람은 그 일을 그만두자 마약이나 알코올에 손을 댔다. 비만이던 사람이 강박적

왜 아무 이유 없이 우울할까?

으로 흡연을 하는 일도 있었다. 그렇다면 이들은 고질적인 중독자들일까, 아니면 아직도 명확하게 밝혀진 바는 없지만 안정을 되찾기 위해 끊임없이 자극이 있어야 하는 신경전달물질과 호르몬 그리고 세균의 작용 때문인 것일까? 최신 연구 결과들에 의하면, 장내 미생물총 내 특정 세균들의 존재 유무에 따라 다른 사람보다 훨씬 더 과도하게 보상 회로를 자극할 필요성을 느끼는 사람들이 중독자가 된다고 한다.

그럼 우리의 자유의지는 도대체 무엇이란 말인가. 우리가 존재하는 방식에 세균들이 중요한 역할을 한다는 사실은 인정하지만 미생물총의 구성 요소가 경험의 무게와 회복력에 대한 우리의 태도, 우리의 자유로운 결정을 완전히 없앨 수는 없다고 생각한다. 단지 세균은 우리 의지의 방향을 바꿀 수 있을 뿐이다.

이 이야기를 하다 보니 불현듯 한 환자가 떠오른다. 항바이러스성 단백질인 인터페론이 C형간염에 유일한 치료제라고 알려졌던 시절에, 한 환자가 나를 모욕한 적 있었다. 다음 날, 그는 내가 처방해준 약 때문에 그런 행동을 저질렀다고 변명하며 사과했다. 나는 그의 변명이 어처구니없다고 생각했다. 어쩌면 그의 말이 맞을 수도 있다. 인터페론이 자살 충동과 같은 부작용을 초래한다는 건 이미 밝혀진 사실이니까.

내가 염려하는 바가 바로 이 지점이다. 세균을 방패 삼아 행동장애를 정당화하려 할 때 그 적정선을 어디까지로 규정해야 할까? 황당한 질문처럼 들리겠지만 이 책을 읽다 보면 앞으로 살펴볼 최근의 연구 결과들을 받아들이는 것과는 별개로 이러한 의문이 자연스레 들 것이다. 만일 세균에 관한 새로운 과학적 발견이 이루어지더라도 황당했던 그 환자의 변명을 수긍할 수 있을지는 여전히 잘 모르겠다.

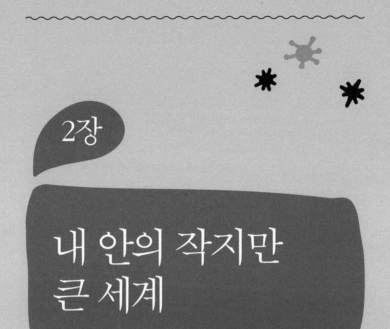

2장

내 안의 작지만 큰 세계

내 속엔 세균이 너무도 많아

우리와 몸속 세균의 관계성은 내게 늘 의문의 대상이었다. 하지만 이 주제의 연구 성과들이 하나둘씩 쌓이자 우리가 세균과 공생한다는 확신이 생기기 시작했다. 나는 완벽한 협정이라 할 수 있는 인간과 세균의 공생을 이해하고 싶어서 생명의 기원에서부터 공부를 다시 시작했다.

널리 알려진 것처럼 지금으로부터 약 45억 년 전, 지구상에 최초의 생명체가 나타났다. 그러나 우리와 비슷한 첫 생명체는 약 38억 년 전에야 등장했다. 이 생명체를 '루카LUCA, Last Universal Common Ancestor'라고 부른다.* 영국의 진화학자이자 생물학자인 찰스 다윈Charles Darwin이 자신의 저서인 『종의 기원』

에서 루카의 존재를 처음 언급했다. 그가 제시한 '생명의 나무'에 따르면 루카는 현존하는 모든 세포에 생명을 준 첫 생명체로, 세균, 식물, 곤충, 새, 인류의 공통 조상이다. 루카가 출현한 지 약 10억 년이 흐른 뒤에 고세균과 진정세균으로 분화했고, 인류가 속한 '진핵생물'은 한참 뒤에 고세균에서 갈라져 나왔다.

그리고 17세기 현미경의 발명 덕분에 인류는 그동안 육안으로는 관찰하기 어려웠던 세포를 비로소 연구할 수 있게 되었다. 첫 '현미경 과학자들'은 신체를 구성하는 세포 속에서 세포들을 지배하는 조각으로 여겨지는 핵을 발견해냈다.

과학자들은 핵을 기준으로 유기체를 두 종류로 나누었다. 하나는 단세포로 이루어진 원핵생물인데 유일하게 하나 있는 세포에 핵은 없으나 세포질**에 DNA가 있으며, 세균이 대표적인 예다. 다른 하나는 진핵생물로, 한 개 혹은 여러 개의 세포로 구성된 생명체들을 가리키며 세균과 바이러스를 제외한 모든 생명이 이에 속한다. 진핵생물의 세포에는 유기체의 유

---

*── 최근에는 루카의 출현 시기를 약 45억 년 전으로 보는 학자들도 있다. 이는 원시지구의 탄생 시기와 큰 차이가 없어 지구의 나이만큼 오랜 시간 동안 생명체가 분화해온 것을 의미한다.
**── 세포에서 핵을 제외한 세포막 안의 부분으로, 생명현상이 발현되는 살아 있는 곳이다.

왜 아무 이유 없이 우울할까?

전 코드인 DNA를 둘러싼 핵이 존재한다.

과학은 계속해서 발전을 이루었고, 1970년대에 들어서는 극한의 조건에서 살 수 있는 원핵생물인 세균에 관한 연구에서 과학자들이 성과를 거두기도 했다. 바로 섭씨 100도 이상이나 0도 이하, 유황 속 혹은 심지어 어떤 생명체도 살 수 없다고 알려진 사해^{死海}에서도 세균들이 생존한다는 사실을 알아낸 것이다. 처음에는 이 세균들을 극한의 환경에서 활동한다는 뜻으로 '극한 미생물^{extremophile bacteria}'이라고 불렀다. 그다음에는 이들을 생명의 기원이라고 가정해 '고대 미생물^{archaebacteria}'이라고 이름 붙였다.

분자생물학이 발전함에 따라 고대 미생물의 DNA를 분석하는 작업도 가능해졌다. 사실 이 '세균'들은 다른 어떤 세균보다 우리의 세포와 매우 흡사하다. 세포가 생산하는 단백질, 세포막의 구성, 심지어 DNA의 수선을 돕는 효소까지도 그렇다. 이런 놀랄 만한 유사성 때문에 '고대 미생물'을 세균의 원형으로만 생각할 수 없어 그때부터 '고균^{古菌, archaea}'이라고 부르기 시작했다.

세포와의 유사성 때문에 과학자들은 생명의 기원에 관해 다시금 질문하기 시작했다.

생명의 기원은 다른 세균을 탄생시킨 세균들과 고균, 두 가지로 명확히 구분할 수 있다. 고균 중 어떤 것들은 우리를 포함한 다세포 존재를 '생산'하는 데까지 진화했지만, 다른 것들은 고균인 채로 남았다.

고균은 우리와 맺는 관계에서 특이성을 갖는다. 다른 세균들이 질병을 유발하는 것과 다르게 이들이 원인이 된 질병은 존재하지 않는다. 마치 고균이 원래부터 우리 몸의 일부였던 것처럼 우리 몸속 세균들과 닮았기 때문이다. 물론 고균이 생산하는 메탄 탓에 변비가 생길 수 있다는 문제점은 있으나, 고균은 우리가 동맥경화에 걸리지 않도록 보호해주는 역할도 한다. 내가 즐겨 쓰는 말처럼, 이 세상에 그 무엇도 완전히 까맣거나 완전히 흰 것은 없다.

세균과 나는 운명 공동체

──● 분명 세균은 생명의 진화에 있어서 주요한 역할을 해왔다. 어떤 세균은 기생이라는 방식으로 또 어떤 세균은 공생이라는 방식으로 관계를 맺으며 진화해왔고 현재의 생태계를 만들어냈다.

세균은 결정적인 어떤 순간에 고균이나 자기보다 좀 더 진화한 아주 작은 생명체와 결합했다. 그런데 그 순간이 언제인지, 어떻게 일어났는지는 지금까지 밝혀지지 않았다. 그러나 그러한 역사적 사건이 실재했음을 보여주는 증거는 남아 있다. 모든 진핵생물의 세포는 세균의 부산물, 즉 세균 조각들을 포함하고 있는데 동물의 미토콘드리아와 식물의 엽록체가 바로 그것이다. 미토콘드리아와 엽록체는 이루 말할 수 없을 만큼 중요한 일을 한다. 이를테면 산소 없이 살 수 없는 우리는 미토콘드리아 덕분에 산소를 이용할 수 있게 되었다.

인간과 세균은 공생관계, 그 이상이다. 우리 몸은 세균에 의해 그리고 세균이 거주하는 신체조직으로 구성된 통생명체이자 초유기체superorganism다. 우리는 우리의 고유한 특성에 더해, 세균과 함께하는 신체 특성을 쌓아왔으며 우리의 DNA와 체내 세균의 DNA를 한데 짜왔다. 그러므로 어떤 의미에서 우리는 세균 덕분에 살아가는 존재들이라 할 수 있다. 세포 활동에 관여하는 세균들이 없다면 우리는 숨을 쉴 수도 살 수도 없다. 우리는 몸속에 세균이 산다는 사실을 내켜 하지 않지만, 우리의 존재를 구성하는 이들 세균과 우리가 별개의 존재라고는 생각할 수 없다.

이러한 과학적 근거를 바탕으로 다양한 SF가 창작되곤 하는데 그중에서도 내가 최고로 꼽는 것이 영화 〈스타워즈〉다. 〈스타워즈〉의 모든 시리즈는 화면에서 볼 수 없는 주요 캐릭터인 '미디클로리언'을 기초로 한다. 이 용어가 이상하게 들릴 수도 있겠지만, 이는 미토콘드리아mitochondria와 엽록체chloroplast라는 두 단어를 결합한 것에 불과하다. 영화에서 미디클로리언은 은하계의 모든 존재와 공생하며 그들의 세포에 깃

왜 아무 이유 없이 우울할까?

들어 있다. 모든 생명체는 몸속 미디클로리언을 통해서만 포스와 접촉할 수 있으며, 체내에 미디클로리언을 많이 가진 인물일수록 더 많은 포스 능력을 획득할 수 있다. 세포당 2만 미디클로리언을 가진 이여야 제다이*가 될 수 있는 자격을 얻을 수 있으며 포스를 사용할 수 있게 된다.

우리의 세균들은 우리에게 삶의 가능성을 열어준다. 뒤에서 다루겠지만 이들은 우리의 감정과 존재 방식, 고통의 오케스트라를 이끄는 지휘자라 할 수 있다. 어쩌면 이들이 우리의 재능이나 개성, 장단점의 근원일 수도 있지 않을까? 언젠가 거장이 된 피아니스트의 몸속에 그 길을 가도록 촉구하는 세균이 있다는 사실이 밝혀지는 것은 아닐까? 나는 이러한 가설이 아주 터무니없다고는 생각하지 않는다.

* —— 〈스타워즈〉 시리즈에 나오는 가상의 조직으로서 은하계의 평화를 지킨다.

우울증은 마음뿐 아니라 몸의 질병

정신의학에서는 '두뇌 중심주의brainocentrism'를 정론으로 확립했다. 두뇌 중심주의란, 두뇌가 신체를 모두 통제하고 조절하기 때문에 정신이나 심리에 문제가 있는 환자를 고치기 위해서는 뇌를 치료 대상으로 삼아야 한다는 뜻이다.

그러나 미생물총에 관한 연구가 활발히 진행될수록 문제가 이론처럼 단순한 구조로 설명할 수도, 해결할 수도 없다는 사실이 분명해지고 있다. 뇌가 손상되면 다른 신체 기관 역시 실질적인 영향을 받는다. 그런데 문제는 미생물총의 불균형 역시 우리 몸에 영향을 미치며 특히 뇌에 큰 영향을 끼친다는 점이다. 이를테면 무균상태로 태어난 실험실의 쥐들은 미생물총을 가진 쥐들에 비해 다른 쥐들과 교감을 덜 나눈다. 이 사례를 좀 더 들여다보자.

우리는 암에 걸린 사람이 피곤해하고 우울해하는 것을 '당연'한 듯 받아들인다. 그렇다면 암 환자가 슬픔을 느끼는 것은 암에 걸렸다는 고통스러운 현실 때문일까, 아니면 암이 뇌를 포함한 모든 조직에 영향을 주는 염증이기 때문에 그로 인해 슬픔을 느끼는 것일까? 잘 알려졌다시피 모든 염증은 몸을 피로하게 할 뿐만 아니라 기분과 감정에도 영향을 준다. 뇌에 직접 도달하지 않더라도 말이다.

자, 지금이야말로 고정관념에서 벗어나야 할 때다. 우리가 우리 몸을 알지 못했던 때와 똑같은 방식으로는 더는 자기 몸을 관리할 수 없다. 이제 우리는 우리 몸 안팎으로 모든 것이 복잡하게 연결되어 있으며 서로 의존하고 있다는 사실을 받아들여야 한다.

우리는 모두 통생명체이기에 자기 자신을 총체적으로 보살펴야 한다. 그런데도 왜 서로 다른 분야의 전문가들은 좀 더 다양한 방법으로 고민하고 연구하기 위해 서로 화합하지 않는 것일까? 몸을 하나로 봐야 한다는 사실을 인정하지 않는다면 우울증이든 다른 질병이든 절대 고칠 수 없다. 우울증이나 불안증 또한 염증이며, 장내 미생물 불균형 때문에 나타나는 증상이기에 마음과 몸을 같이 치료해야만 한다. 이는 우리가 이미 알고 있는 사실들을 폐기하고 바꾸자는 말이 아니라, 더욱 효과적인 치료를 위해 더 복잡하게 얽혀 있는 타래에서 실마리를 찾아야 한다는 뜻이다.

아마도 옛사람들은 이러한 사실을 알고 있었던 듯하다. 우리는 오랜만에 만난 사람에게 "잘 지내셨어요?"라고 안부 인사를 건네는데, 이러한 인사법은 르네상스 때부터 사용하던 것으로 정확한 표현은 "변은 잘 누고 지내셨어요?"였다. 안타깝게도 지금의 우리는 핵심을 뺀 채 쓰고 있는 셈이다.

여하튼, 앞서 말한 것들을 모두 고려해야만 우리의 몸과 존재에 대한 새로운 시각이 열릴 것이다.

한편 면역학은 자신이 만들어내는 자기 물질^{self}과 외부에서 유입되었거나 변이된 비자기 물질$^{non-self}$에 관한 이론에 근거한 의학 분야다. 비자기 물질은 그 사람의 것이 아닌 다른 낯선 존재를 말한다. 면역학자는 면역체계를 설명하기 위해 임산부를 종종 예로 든다. 임산부의 몸은 절반쯤은 낯선 존재라 할 수 있는 태아를 위해 출산 때까지 면역반응을 억제한다.

그렇다면 우리 몸속에 평생 머물며 세포 안에까지 침투해 사는 세균들은 무엇일까? 이들은 자기 물질일까, 아니면 비자기 물질일까? 우리는 우리 게 아닌 세균을 몸속에 품고 있을 뿐 아니라 세균 덕에 건강을 유지한다. 그럼 우리 몸과 세균이 다른 존재라는 이론은 이 둘이 연속체라는 이론으로 교체해야 하는 것은 아닐까? 그렇게 되면 어디까지를 연속체로 받아들여야 할까? 또 우리의 정체성을 어떻게 규정해야 할까? 나는 이 질문에 대한 답을 지금도 찾아 헤매고 있다.

세균의 부활은 축복일까, 아니면 재앙일까?

●────── 세균은 인류가 출현하기 이전부터 이미 지구상에 존재했으며, 수적으로도 우리를 앞선다. 10^{30}, 즉 숫자 10 뒤에 0이 30개가 붙는 수의 세균이 육지와 바닷속에 존재한다.

세균 또한 우리만큼이나 지구환경에 영향을 받는다. 그러므로 지구온난화와 같은 지구의 기상재해는 세균의 미래와도 직결되어 있다. 그렇다고 해서 지구온난화를 주제로 토론할 때 세균을 걱정하는 사람은 아무도 없겠지만 말이다.

우리는 지구온난화로 위협을 받는 종들에 관해 통계를 내지만 지구에서 가장 번성한 생명체인 세균의 존재는 잊어버리곤 한다. 많은 과학자가 "지구온난화가 생태계에 교란을 가

왜 아무 이유 없이 우울할까?

져올 것"이라고 경고했다. 그때가 오면 대멸종을 통해 알 수 있듯이, 환경 변화에 적응하지 못한 종들은 사라질 것이고 적응한 종들은 살아남을 것이다. 그렇다면 지구온난화로 인해 남극과 북극의 빙하가 녹으면 그곳의 영구동토층에 잠들어 있는 수많은 세균은 어떻게 될까? 잠에서 깨어난 세균들은 인류에게 이로움을 가져다줄까, 아니면 새로운 감염병을 유행시켜 돌이킬 수 없는 재앙을 불러올까? 또 눈을 뜬 세균들은 과연 어떤 모습으로 진화할까?

현재로서는 재앙이 될 확률이 높다. 영구동토층에서 잠자고 있는 세균들이 다시 깨어나면 지구온난화는 더욱더 앞당겨질 것이다. 영구동토층에는 탄소가 포함되어 있으므로 세균이 이를 대사하면 온실효과를 내는 메탄과 이산화탄소가 뿜어져 나올 것이기 때문이다. 세균 한 마리가 내뿜는 양은 극히 적겠지만 놀랄 만큼 많은 수의 세균이 합해지면 그로 인해 엄청난 결과가 생기리라는 것은 말하지 않더라도 누구나 짐작할 수 있을 것이다. 지구상의 모든 세균 수는 전 세계의 인구수를 합한 것보다 월등히 많으니 우리가 주의를 기울이지 않는다면 우리는 예상보다 훨씬 더 참혹한 광경을 맞닥뜨리게 되리라.

생명체는 어떠한 상황에 놓이더라도 결국엔 달라진 자연환

경에 적응하며 살아가겠지만, 지구에서 벌어지는 이상 사태
는 우리 몸속의 세균과 미생물총에 예측 불가한 많은 영향을
미칠 것이다. 그러므로 여느 때보다도 우리는 통생명체인 우
리가 생태계와 밀접한 관계를 맺고 있다는 사실을 자각하며
자연을 지켜야 한다는 사명감을 가져야 한다. 그렇다고 해서
무작정 큰일을 하겠다며 덤비지는 말자. 우선 아주 작은 일부
터 시작해보자. 앞서 이야기한 것처럼 우리가 음식을 먹으면
몸속 세균들도 같이 먹는다. 따라서 장내세균은 물론이거니
와 세균 전체에 주의를 기울여야 한다. 그러면 그들 역시 우리
에게 주의를 기울일 것이다. 이를 위해 우리는 의학, 지질학,
기후학 등 지구상의 생명과 연관된 다양한 학문 분야에서 책
임감을 발휘해야 할 뿐만 아니라, 각 학문 분야를 인위적으로
구분 짓는 경계를 허물고 서로 융합할 수 있도록 유연한 연구
환경을 만들어나가야 할 것이다.

3장

내 기분을
좌우하는 장내세균

내 불안은 나의
예민함 때문이 아니다

─────●　　불안해서 배가 아픈 걸까, 아니면 반대로 배가
아파서 불안해지는 걸까?

몇 년 전만 하더라도 말이 안 되어 보이던 이 질문이 오늘날
에는 높은 수준의 과학과 의학 연구의 주제로 주목받고 있다.
과학자들은 우리의 정신을 쏙 빼놓는 존재가 몸속 세균일 수
도 있다는 것에 생각이 미치자, 세균들이 잘 지낼 수 있는 환
경을 만드는 것 이외에 그들에게 웃음을 줄 수 있는 또 다른
방법은 없는지 자문하기 시작했다.

물론 나는 신경정신장애의 발생 요인이 다양하며 환경적,
유전적 요인에도 영향을 받는다는 연구 결과에 동감한다. 그

러니 경증 우울과 중증 우울, 신경증이나 정신증이 단 한 가지 명확한 원인 때문에 발병하는 것이라기보다, 서로 다른 요인들이 복합적으로 작용한 결과라 할 수 있을 것이다. 여기서 더 나아가 나는 음식 또한 신경정신장애를 일으키는 요인들 가운데 하나이자 어쩌면 가장 중요한 문제일 수 있다는 사실을 깨달았다. 그리고 동시에 치료의 관점에서 볼 때는 가장 제거하기 쉬운 요인이라는 생각이 들었다.

이러한 생각이 가설로만 끝나지 않으려면 실험을 통해 증명하는 방법밖에는 없다. 최근에는 비윤리적인 행위라 해 동물실험의 빈도수가 점차 줄어들고 있지만, 매우 전문적인 연구에는 임상시험 전에 쥐를 이용한 동물실험이 여전히 필요하다. 물론 설치류의 심리를 복잡다단한 인간의 심리와 비교할 수는 없다. 하지만 그렇다고 해서 쥐들에게 인간의 언어로 마음이라고 부를 수 있는 심리 기전이 아예 없는 것도 아니다.

한 과학자는 애착 관계에 있는 어미 쥐와 새끼 쥐를 일부러 떨어뜨린 다음에 쥐들에게서 나타나는 행동을 관찰했다. 새끼 쥐는 어미 쥐가 없어진 것만으로도 스트레스를 느꼈으며 이러한 상태는 꽤 오래갔다. 어미 쥐는 새로운 환경을 탐색하는 데 즐거움을 느끼기도 했지만, 때때로 불안해하거나 우울해하고 고립감을 느끼며 구석에 처박혀 있곤 했다. 이는 수면

장애나 식욕부진, 피로감을 비롯해 일상에서 흥미와 즐거움을 점차 잃어가는 인간의 우울증과 비슷한 양상이었다.

이 실험을 진행한 과학자는 가능한 한 구체적으로 쥐들의 기분을 '측정'하고 수치화하기 위해 동물행동학자와 수의사들의 도움을 받아 행동 평가 방법을 만들었다.

그중 가장 유명하면서도 많이 사용하는 테스트 하나가 '오픈 필드'다. 이 테스트를 통해 쥐의 운동기능과 불안 정도를 동시에 측정할 수 있다. 먼저 닫혀 있는 상자 안에 쥐를 넣은 다음, 쥐가 자유롭게 돌아다닐 수 있게끔 둔다. 그러고 나서 보통 쥐들이 10분 정도 움직인 거리를 잰다. 관찰 결과, 불안감을 느낀 쥐는 여기저기 탐색하는 대신 구석에 웅크린 채 덜덜 떨며 두려움을 이겨내려 했다. 그러다 보니 불안함을 덜 느끼는 쥐보다 이동 거리가 훨씬 짧게 나타났다.

또 다른 테스트로는 쥐가 잠재적인 위험 요소로 인식한 물체를 마주했을 때 그것을 땅에 파묻는 본능을 이용한 '구슬 파묻기'가 있다. 우울감이 높은 쥐일수록 상자 안에 놓아둔 구슬들을 짚더미 밑에 훨씬 더 많이 파묻었다. 그 반면에 항불안제나 항우울제를 맞은 쥐를 포함해 불안감이 덜한 쥐들은 구슬에 관심을 보였을 뿐 아니라 구슬을 숨기지도 않았다. 이런 쥐들은 인간의 언어로 말하자면 '낙관주의자'라고 할 수 있을 것이다.

또 서로 연결된 세 개의 상자를 이용해 설치류의 사회성을 평가할 수도 있다. 우울감이 있는 쥐는 자신의 상자에서 나오지 않았지만, 그렇지 않은 쥐들은 다른 상자들도 오가며 딴 쥐들을 만나러 다녔다.

마지막으로 행동을 통해 쥐의 기분을 측정하는 테스트도 있다. 바로 쥐의 주둥이에 설탕물 한 방울을 떨어뜨렸을 때 쥐가 그루밍하는 데 소요한 시간을 재는 것이다. 우울감에 빠진 쥐들은 우울증에 걸린 사람들과 마찬가지로 씻기를 게을리했으며 몸단장을 덜 했고 세수하는 시간도 훨씬 짧았다.

나를 우울하게 만드는 장내세균

●────── 미생물총의 변경이 쥐의 행동 변화에 미치는 영향을 알아보기 위해 앞에서 말한 테스트들을 시행했을 때, 그 결과는 하나로 귀결되었을 뿐 아니라 놀라운 사실을 드러냈다. 쥐에게 정크푸드를 먹이는 것만으로도 쥐를 우울하게 만들 수 있다는 점이었다. 과도한 당분과 질 낮은 지방은 쥐를 살찌게 하는 것에서 그치지 않았다. 정크푸드는 균형 잡힌 식단과 다르게 불안감을 유발했다.

이 글을 쓰는 지금 시점에서 가장 완벽한 연구는 2019년 오스트리아 그라츠의과대학교Medical University of Graz의 저명한 두 학자인 아메드 하산Ahmed Hassan과 피터 홀저Peter Holzer가 했던 실험이다.

이들은 156마리의 어른 쥐를 두 그룹으로 나누고, 각 그룹에 정해진 식단만 제공했다. 첫 번째 그룹에는 '미국식 식단'이라고 불리는 것과 비슷한 메뉴를 주었는데, 지방 60퍼센트, 당 24퍼센트, 단백질 16퍼센트로 이루어진 식단이었다(처음에는 팜유로 실험하다가 코코넛 기름, 돼지기름을 제공하는 것으로 방법을 바꾸었으나 결과는 비슷했다). 두 번째 그룹에는 지방 12퍼센트, 당 65퍼센트, 단백질 23퍼센트로 구성된 좀 더 균형 잡힌 식단을 주었다.

그리고 8주 후, 두 사람은 모든 쥐를 대상으로 기분 테스트를 진행했다. 정크푸드를 포식한 첫 번째 그룹의 쥐들은 비만에 가까울 정도로 몸무게가 늘어났다. 게다가 이 쥐들은 우울감에 빠졌으며 행동은 느려진 데다가 활동성과 사회성이 떨어졌고 지나치게 불안해했다. 또 우울증에 걸린 사람에게서 때때로 나타나는 분노 행동도 보였다. 더군다나 낮 어느 때든 시간대와 상관없이 설탕을 찾았으며 심지어는 밤에도 설탕에 대한 갈망을 드러냈다. 두 번째 그룹에 속한 쥐들에게서는 이런 증세가 전혀 나타나지 않았으며, 첫 번째 그룹의 쥐들과 달리 '정상적인' 쥐들처럼 행동했다.

하산과 홀저는 정크푸드와 우울감의 연관성을 밝힌 후에도 햄버거, 피자, 탄산음료 등이 우울 증세를 유발하는 생리 기전을 찾아내며 다음과 같이 좀 더 심도 있는 논의를 이어나갔다.

1 우울한 쥐의 장내 미생물총에서 의미 있는 변화가 여럿 관찰되었다. 하나는 미생물총이 빈약하며 종류도 다양하지 않다는 것이었다. 이는 우울증을 겪는 남성들과 여성들의 미생물총을 분석한 결과와도 일치했다. 또 하나는 미생물총 구성에서 피르미쿠테스firmicutes나 시아노박테리아cyanobacteria 같은 세균 종들의 수가 훨씬 많은 것으로 나왔는데, 이는 이 세균들이 박테로이데테스와 비슷한 다른 종들을 희생시켜 증식한 데에 따른 것이었다.

2 정크푸드를 먹고 우울감에 빠진 쥐들의 뇌, 특히 전두엽 피질과 선조체striatum*에서 미생물총의 세균들이 생산하는 여러 가지 대사산물의 농도가 바뀌었다. 이 중 어떤 대사산물은 에너지 대사 과정에 개입하며 또 어떤 것들은 뉴런 활동에 더 적극적으로 관여한다. 이러한 대사산물로는 크레아틴, 유산염, 타우린, 글루타민, 가바 등이 있다. 이렇듯 뇌와 장은 유기적으로 이어져 있다.

*—— 대뇌 내부에 있는 핵의 하나다.

③   호르몬 또한 변했다. 호르몬은 신체 기관에서 분비되는 화학물질로, 체액과 함께 몸속을 순환하며 다른 기관이나 조직의 작용을 촉진하거나 억제한다. 우울감에 빠진 쥐들의 뇌 속을 살펴본 결과, 식이조절과 인슐린 분비에 큰 역할을 하는 신경펩티드 Y가 감소한 것으로 나타났다. 이 호르몬은 불안감을 억제하는 역할도 하기 때문에 우울증을 치료할 때는 뇌에서 이 호르몬의 비율을 늘리는 것이 무엇보다 중요하다.

④   2015년에 프랑스 파리쉬드대학교Université Paris-Saclay의 쥘리안 장데그Julian Zemdegs와 브뤼노 기아르Bruno Guiard는 한 연구를 바탕으로, 혈액 속 당의 비율이 증가하는 당뇨 전단계에 접어들기만 하더라도 쥐들에게 불안과 우울 증상이 나타난다는 사실을 밝혀냈다. 그런데 알려졌다시피 정크푸드는 혈당을 과도하게 올리는 식품이므로, 정크푸드를 많이 먹을수록 불안과 우울 증상이 생길 수 있다.

이러한 연구를 통해 나는 장내세균이 소화에 도움을 주는 것 외에 뇌를 비롯한 신경세포에 중요한 변화를 일으켜 우리의 정신에도 관여한다는 증거들을 확보할 수 있었다.

더욱 분명한 두 번째 증거는 지금까지 알려진 모든 자료를 뒤집어놓았다. 정크푸드를 과도하게 섭취해 우울증에 걸린 쥐의 미생물총을 정상 식단을 해온 쥐에게 이식하자, 이식받은

왜 아무 이유 없이 우울할까?

쥐도 우울증에 빠졌다. 우울증이 대변을 통해서도 전염될 수 있다는 게 밝혀진 것이다. 따라서 우울증을 순수하게 정신적인 질병이라고 단정할 수만은 없다.

더 강력한 증거는 또 있다. 심각한 우울증에 빠진 남성이나 여성의 대변을 쥐들에게 이식하자, 이 쥐들은 새로운 미생물 총에 빠르게 영향을 받음으로써 우울증에 걸렸다. 즉 세균과 우리의 감정 사이에 직접적인 인과관계가 증명된 것이다.

물론 이와 정반대의 관점에서 실행했던 실험들도 있다. 그 중 하나는 우울증에 걸린 쥐에게 좋은 기분을 전달해주기 위한 실험이었다. 현재 이 같은 실험 대부분은 1~2종의 세균을 포함해서 하는데, 실험의 효과는 마치 세균들 간의 결합이 시너지를 내는 것이라고 보는 게 타당한 듯하다. 그럼에도 앞서 살펴본 실험들 덕분에 비피도박테리움 인판티스^{bifidobacterium infantis}를 규칙적으로 섭취하면 '진짜' 항우울제만큼이나 행동 개선 면에서 도움을 받을 수 있다는 것이 입증되었다.

임상시험은 락토바실루스 카제이^{lactobacillus casei}균으로 진행했다. 우리가 마트에서 쉽게 살 수 있는 발효유들은 이 세균을 발효시켜 만든 것이다. 실험은 만성피로로 힘들어하는 사람들을 대상으로 두 달간 이어졌다. 실험이 끝난 후 이들의 불안감 지수는 위약만 먹었던 대조군에 비해 확연히 줄어들었다.

가설이 증명되었으니 이제는 미생물총의 변화가 우울증과 다른 신경 정신 문제에 어떠한 메커니즘으로 작동하는지 파악하는 일만 남았다. 물론 이를 밝힐 수 있는 몇 가지 실마리들이 존재하지만, 좀 더 심도 있는 연구가 필요한 실정이다.

건강한 사람의 대변을 이식하면 어떤 일이 일어날까?

───● 이번에는 유럽이나 미국이 아닌 아시아, 그중에서도 중국에서 있었던 사례를 살펴보려 한다. 후난성 상아Xiangya3병원의 소화기병학과 펜왕Fen Wang 교수팀이 발표한 연구 주제와도 밀접한 관련이 있는 사례다.

몇 달간 깊은 우울 증세를 보인 79세의 한 여성이 있었다. 그는 삶에 대한 흥미를 모두 잃은 듯 침대에서 꼼짝하지 않았는데, 그 때문에 몸무게는 25킬로그램이나 늘어났으며 혼자 힘으로는 도저히 움직이지 못해 심한 변비로 고생하고 있었다. 결국 그의 가족이 그를 신경정신과에 입원시켰지만, 항우울제 치료제로는 어떤 효과도 보지 못했다.

7개월 후, 병원 연구진들은 이 환자에게 자신들이 연구하던 주제, 즉 행동에 미치는 미생물총 효과와 연계한 깜짝 놀랄 만한 치료법을 제안했다. 바로 약물치료를 모두 중단하고 분변 이식을 하자고 한 것이었다. 분변 기증자는 늘 명랑하고 생기 넘치던 7세 아이인 환자의 손녀였다.

결과는 모두를 놀라게 만들었다. 4일이 지나자 환자는 피곤함을 덜 느끼기 시작했고 스스로 침대에서 일어날 수 있게 되었으며 자신이 좋아하는 음식을 맛볼 수 있었다. 그의 상태는 점차 호전되어 2주 후에는 행복감을 느낄 정도였다. 정상적인 생활이 가능해지자 그는 퇴원했으며 6개월 후에는 특별한 식단 조절 없이도 예전의 몸무게로 돌아갔다. 우울증은 고약한 추억으로만 남았다.

여성이 우울증을 앓던 시기에 연구진들이 그의 미생물총을 분석한 결과 피르미쿠테스 계열의 세균은 증가하고 박테로이데테스 계열의 세균은 감소했다는 사실이 밝혀졌다. 이 두 종의 세균은 에너지를 대사하고 체중을 조절하는 역할을 한다고 알려졌다. 그리고 분변 이식 후, 여성의 몸속에는 당분을 유익한 단쇄지방산으로 바꿔주는 다른 세균들이 늘어났다. 즉 그의 몸속 세균의 생태계가 바뀐 것이다. 그뿐만 아니라 병의 주요 원인이라 여겼던 장내 미생물 불균형도 자연스레 사라졌다.

물론 한 사람만을 대상으로 했던 것이기에 앞으로 더 많은 임상시험의 결과가 필요하다. 그럼에도 이 사례가 유의미한 까닭은 많은 연구자가 비만과 우울증을 동시에 치료하는 과정에서 장내 미생물총의 본질적인 역할을 입증한 것들이 옳다는 사실을 다시금 증명해주었기 때문이다. 그러니 의학계는 앞으로 이 주제를 소홀히 하거나 외면할 수 없을 것이다.

4장

비만은 어떻게
우리를 우울하게
만드는 걸까?

비만과 우울증의 상관관계

━━━● 주위에서 아무리 많이 먹어도 살찌지 않는다고 말하는 사람들을 본 적 있을 것이다. 그것도 아니라면 조금만 먹어도 옆구리 살이나 뱃살이 늘어난다고 불평하는 사람들을 본 적은 없는가?

이는 사람마다 신진대사가 다르고 열량을 태우는 용량 또한 다르기 때문인데, 여기에서 우리의 주요 유전자가 핵심 역할을 한다. 거의 같은 유전자를 지닌 일란성쌍둥이들만 하더라도 한 명이 과체중이면 다른 한 명도 대부분 과체중이었다.

그런데 뒤에서 자세히 다루겠지만 미생물총은 유전자 자체뿐 아니라 유전자의 발현, 즉 현실에서 유전자가 기능하는 방식을 조절하는 빗장 역할도 담당한다.

　유전물질의 저항을 억제하는 또 다른 중요한 요인으로 우리의 식생활을 꼽을 수 있다. 우리 몸이 신진대사를 통해 소모할 수 있는 에너지원 이상으로 지방과 당질을 과잉섭취하게 하는 정크푸드가 살을 찌게 한다는 사실은 더는 새로울 것도 없다. 이는 사람이나 동물이나 마찬가지다.

　문제는 쉽게 살찌지 않는 사람조차도 오늘날에는 살이 찔 수밖에 없는 사회적 환경에 노출되어 있다는 점이다. 2016년 세계보건기구World Health Organization가 발표한 통계자료에 따르면 성인 세 명 중 한 명꼴인 전 세계 19억 명 이상의 성인이 과체중이며, 6억 5천만 명이 비만이다. 이는 20년 전과 비교하면 약 세 배나 불어난 수치다.

　과체중은 그 자체로는 질병이 아니지만, 온갖 건강 문제를 일으키는 주범이다. 과체중인 사람은 고혈압 같은 심혈관질환에 걸릴 위험성이 높아질뿐더러 인슐린이 혈액 속의 포도당을 줄이지 못하는 제2형 당뇨병의 발병 확률도 증가한다. 또 여러 암에 걸릴 확률이 높아지며, 간 기능 수치가 올라갈 뿐 아니라 호흡기 문제가 일어날 수도 있다. 이처럼 과체중으로 인한 질병은 너무 많아 일일이 열거할 수 없을 정도다. 게다가 과체중은 높은 생활수준을 누리는 국가들에서 조기 사망의 세 번째 원인이자, 미국에서는 첫 번째 사망 원인과 연관 있는 것으로 알려졌다.

과체중이 비만이 되면 또 다른 위험이 뒤따른다는 사실은 여러 연구를 통해 밝혀진 바 있다. 그중 하나가 바로 우울증과의 연계성이다. 비만이 우울증을 유발한다는 것은 오랫동안 알려지지 않았던 사실이다. 그렇다고 해서 비만한 사람들이 전부 우울증으로 고생하는 것은 아니다. 그러나 그들 중 대다수는 걱정이 많았고, 더 비관적이었으며, 사회성이 떨어지는 경향을 띠었을 뿐 아니라, 기억력과 학습력 저하, 만성피로, 활기 부족 등 심각한 수준의 우울 증세를 드러냈다.

이전까지는 우울증이 순전히 심리적인 이유 때문에 생긴다는 것이 사회적 통념이었다. 이를테면 다른 사람의 시선을 과도하게 의식해 생겨난 자기혐오, 남보다 뒤처졌다는 데서 오는 자괴감, 실수나 실패로 인생이 끝났다는 생각, 때때로 찾아오는 소외감 등이 쌓여 우울증이 생긴다고 본 것이다. 이 역시도 우울증의 원인인 것은 맞다.

하지만 나는 훨씬 강력한 또 다른 요인이 있을 수 있다는 생각이 들었다. 바로 정크푸드에 영향을 받은 미생물총인데, 앞서 살펴본 것처럼 미생물총은 우리의 행동 변화에 직접 개입함으로써 우리의 정신상태를 바꾸어놓는다.

실제로 2017년 호주 멜버른대학교University of Melbourne의 펠리스 자카Felice Jacka 교수가 이끄는 연구팀이 이를 규명하는 실험을 진행한 바 있다. 연구팀은 치료를 목적으로 우울증을 앓는 67명의 청소년을 선발했다. 뽑힌 실험 참가자들의 이력을 살펴본 결과, 이들은 비만하다는 것과 정크푸드를 즐겨 먹는다는 공통점이 있었다. 연구팀은 이들의 우울증 정도를 파악하기 위해 슬픔과 무기력과 자살 충동 같은 감정 그리고 수면의 질 같은 신체 요인을 동시에 측정하는 이른바 '몽고메리 - 아스버그 우울증 평가 척도MADRS, Montgomery-Asberg Depression Rating Scale'를 사용했다.

그러고 나서 평가 결과에 상관없이 무작위로 이들을 두 그룹에 배정했다. 첫 번째 그룹은 우울증환자들에게 일반적으로 쓰이는 심리치료를 받았다. 두 번째 그룹은 심리치료사를 배제한 채 오로지 영양사와 영양학자 들의 조언을 따르게 했다. 그들에게 처방한 식단은 식이섬유가 풍부한 과일과 채소 그리고 견과류였으며, 하루 4숟가락의 올리브유를 제외하고는 지방은 거의 뺐다. 이들이 일상적으로 많이 먹던 설탕의 양도 거의 줄였으며 붉은 살코기의 양도 제한했고 가공식품도 금지했다. 그 덕분에 실험이 이루어지는 동안 두 번째 그룹은 건강에 유익하다고 알려진 지중해식 식단에 맞춘 균형 잡힌

왜 아무 이유 없이 우울할까?

식사를 하게 되었다.

12주간의 '치료'가 끝난 후, 실험에 참여했던 청소년들은 우울증 정도를 다시 측정하기 위해 실험 전과 똑같은 테스트를 치렀다. 어떤 결과가 나왔을까?

놀랍게도 식이요법을 쓴 청소년들의 우울증 측정 점수는 평균 26.1에서 15로 낮아졌을 만큼 심리 문제가 현저하게 개선되었다. 그 반면에 심리치료만을 받은 그룹의 평균 점수는 26.1에서 21로 감소한 정도였다. 더불어 식이요법을 병행한 청소년들의 체중이 감소했으며 심리치료만 받은 다른 그룹에 비해 신체와 정신이 건강한 또래 친구들과 곧잘 어울렸다.

이 실험을 통해 유의미한 결과를 얻은 건 맞지만 만일 나였더라면 세 번째 그룹을 만들어 심리치료와 식이요법을 결합했을 경우 어떠한 결과가 나타났을지도 알아봤을 것이다. 언젠가는 이에 관한 연구도 이루어지리라 기대해본다.

왜 비만인에게는
항우울제도 듣지 않을까?

● 이번에는 다른 관점에서 비만과 우울증이 서로 어떠한 메커니즘으로 작동하는지 살펴보자. 이 주제의 연장선이라고도 할 수 있는데, '과체중인 사람 그리고 비만 쥐에게서는 항우울제의 약효가 왜 나타나지 않는가?'는 학계의 오랜 연구 과제였다. 과학자들이 이 현상을 설명하기 위해서 여러 의심 요인을 추적하다 보니 서로 다른 요인이 중첩되곤 했다.

첫 번째 추적 요인은 염증 발생 과정과 관련이 있다. 감기, 암, 우울증 등 거의 모든 질병은 염증으로부터 비롯된다. 널리 알려졌듯이 정크푸드는 염증 속성을 띠고 있으며, 염증은 과

왜 아무 이유 없이 우울할까?

체중 때문에 계속 생길뿐더러 심지어 증가한다. 그러니 지중해식 식단이 건강에 유익한 까닭도 쉽게 짐작할 수 있을 것이다. 이 식단에는 장내 유익균들의 먹이로 사용되는 프리바이오틱스와 식이섬유가 풍부하게 들어 있어 탁월한 항염 효과를 나타낸다.

두 번째 추적 요인은 장 내벽이다. 무엇보다 장 내벽은 새지 않는 것이 중요하다. 소장의 내벽 두께는 3~5밀리미터이고, 대장의 내벽 두께는 1~5밀리미터이며, 모두 네 겹의 층으로 이루어져 있다. 장 내벽은 잘 소화되지 않는 거대 물질뿐만 아니라 소화관에 존재하는 독소들 그리고 세균의 해로운 대사산물로부터 우리의 뇌를 포함한 모든 신체조직을 보호한다.

유익균들이 장 내벽이 새지 않도록 강화하는 데 도움이 되는 것과 다르게 정크푸드 섭취로 인해 유입된 유해균들은 그 이름처럼 우리의 건강에 해롭다. 유해균이 몸속에 대량으로 유입될 경우 많은 염증이 생길 수 있으며 부분적으로는 자가면역질환에 걸릴 수 있다.

세 번째 추적 요인은 우리의 예상을 벗어나는 것으로 과체중으로부터는 직접적인 영향을 받지 않지만 정크푸드 때문에 손상되는 신경전달물질과 관련 있다. '행복 호르몬'이라고 불리며 우리의 기분을 좌우하는 신경전달물질인 세로토닌을 예로 들면, 우리가 사랑에 빠졌을 때 행복한 감정을 느끼는 까닭은 세로토닌의 양이 증가했기 때문이다. 세로토닌, 즉 5−HT 5-hydroxytryptamine의 95퍼센트가 장내의 특수 세포에서 생산되고 나머지는 뇌에서 만들어진다. 그런데 우울증에 빠지면 세로토닌 분비가 감소한다. 실제로 과학자들은 우울증에 걸린 비만 쥐에게서 세로토닌 분비가 줄었다는 사실을 밝혀냈다. 문제는 5-HT가 빠르게 소실되면 정신적 충격과 우울증 등에 민첩하게 대응할 시간도 부족해진다는 점이다. 호르몬 농도는 '피드백 시스템'에 의해 조절되는데, 호르몬 농도의 균형에 균열이 가기 시작하면 호르몬 기능항진증이나 호르몬 기능저하증 같은 질병에 걸릴 위험이 높아진다.

실제로 실험 쥐들에게 지방과 당질이 과다한 식단을 제공하자 미생물총이 생산하는 부산물들이 바뀌었다. 특히 단쇄 지방산이 줄어든 대사산물이 분비되었는데, 이는 뇌에 염증을 일으켰다. 또 이 염증 때문에 세로토닌 경로라고 부르는 작용 기전도 영향을 받았다. 이 실험 쥐들에게서 급속도로 불안감이 높아지는 현상이 나타났으며, 이들의 미생물총을 지방이 풍부한 식단을 공급받지 않은 쥐들에게 이식하자 과체중이 아닌 쥐들도 불안해하는 행동을 보였다.

그렇다고 해서 모든 지방이 해로운 것만은 아니다. 가공육,

버터, 기름기가 많은 고기 등에 포함된 포화지방산은 기억력을 감퇴시키지만, 올리브유, 호두유, 아몬드유, 참치, 고등어, 정어리, 연어 등에 주로 함유된 불포화지방산은 기억력 향상에 도움이 된다. 그러니 중요한 시험을 앞둔 이들이라면 정크푸드를 피하는 게 좋다.

앞서 살펴본 요인들을 통해 이러한 결론을 내릴 수 있다. 정크푸드는 미생물총의 구성을 바꾸며, 특히 세균이 만들어내는 단쇄지방산의 생산량을 떨어뜨린다. 동시에 장벽을 공격해 미세한 틈을 만들어내는데, 해로운 물질들이 그 틈으로 휩쓸려 들어가 염증을 일으킨다. 염증으로 둔감해진 뇌 속의 시냅스는 세로토닌을 잘 받아들이지 못할 뿐 아니라 세로토닌에 대한 민감도도 낮아진다.

그러나 멜버른대학교의 실험에서 알 수 있듯이 이 과정은 그 역이 성립한다. 따라서 우리의 신경전달물질이 반항할 때 그들의 구조 요청에 귀를 기울인다면 우리에게는 아직 희망이 남아 있다.

병으로부터 우리를 구해줄 맛있는 방법

———● 내가 대학교에 다닐 때만 하더라도 혈액을 무균상태라고 배웠다. 따라서 혈액에 세균이 침투하면 환자의 생명이 위험해지는 상황이 발생한다고 했다.

그러나 이러한 단언은 오늘날엔 논란의 여지가 크다. 기술의 발달 덕분에 불과 몇 년 전과 다르게 훨씬 더 정밀한 분석이 가능해진 데다가, 과학자들이 이제껏 당연하다고 여기던 물질들에 관한 연구가 이루어지면서 혈액 안에 세균의 유전물질인 DNA가 존재한다는 사실이 새롭게 발견되었기 때문이다. 어쩌면 그것은 세균 부스러기거나 언젠가 잠에서 깨어날 가능성이 있는 세균들일 수도 있다. 이 물질의 정체는 현재

왜 아무 이유 없이 우울할까?

그 누구도 모른다.

다만 지금까지의 연구를 통해 밝혀진 사실은 소화관 내에 다양한 세균이 있다는 것과 장 투과성을 증명한 것인데, 이를 바탕으로 소화 세균들이 우리 몸 구석구석을 돌아다니며 운송 수단으로 기능하고 있다는 것을 추측할 수 있다.

우리 팀은 르크레믈랭비세트르^{Le Kremlin-Bicêtre}병원의 정신과 의사인 에마뉘엘 코뤼블^{Emmanuelle Corruble} 팀과 협력해 우울증과 이 물질의 연계성에 관한 연구를 진행한 바 있다.

실험을 위해 선발한 112명 중에서 절반은 중증도의 우울증을 겪고 있었고 나머지 절반은 우울증 증상이 없었다. 혈액 검사에서 두 그룹의 혈액 속에 '떠돌아다니는 세균'들 간의 차이점이 분명하게 드러났다. 우리가 눈여겨본 점은 우울증을 겪는 사람들의 혈액 속에 염증 속성을 지닌 푸소박테리아 fusobacteria와 사카리박테리아saccharibacteria 같은 세균들의 DNA가 존재한다는 것이었다. 다시 말하면 우울증도 다른 질병들처럼 염증 과정을 보였다.

두 세균의 DNA 비율은 항상 일정하지 않았을뿐더러 사람마다 달랐다. 항우울증 치료에 따라 DNA 비율이 줄어들었는데, 의아한 점은 모든 환자에게서 DNA 비율이 같은 방식으로 감소하지 않았다는 것이었다. 똑같은 치료법을 적용해도 환자들 모두에게서 반응이 나타나지는 않았다.

이것이 바로 우리가 두 번째 연구에서 주목한 점이다. 우리가 볼 때, 혈액 속에서 순환하는 세균들의 DNA 프로필은 큰 가치를 지니고 있다. 항우울제 치료 효과를 예상할 수 있게 해주기 때문이다. 예컨대 피르미쿠테스가 상당히 많이 존재하면 좋은 효과를 낸다. 이 세균들은 행복 호르몬인 세로토닌을 생성하기 위해 음식에 들어 있는 트립토판을 사용하는 것처럼 보인다.

따라서 미래에는 우울증 치료의 효과를 높이기 위해 장내 세균과 그들의 대사산물을 변경해주는 식이요법과 화학 치료를 동시에 진행할 가능성이 크다. 우리의 보물과도 같은 체내 미생물총을 염두에 두고 화학 치료를 한다면 치료 효과는 더욱 좋아질 테고 불면증, 과체중, 소화장애 같은 여러 문제를 해결하는 등 부수적인 효과도 얻을 수 있을 것이다.

나 역시 일상적인 스트레스에 노출된 환자들에게 진정제나 항우울제 대신 프로바이오틱스 혹은 미생물의 먹이가 되는 프리바이오틱스를 처방하곤 한다. 과학적으로 증명되기 전에 다양한 임상경험을 통해 이미 앞서서 자연스레 그 방법을 터득한 덕분이었다.

내게 오는 환자들 가운데에는 과체중 때문에 간에 문제가 생겨 괴로워하는 사람들이 수도 없이 많았다. 잘 알다시피 간은 우리 신체 중 유일하게 재생이 가능한 기관이며, 그 일부만 있다고 하더라도 얼마든지 제 기능을 할 수 있다. 그래서 간은 기능이 저하되거나 손상되어도 특별한 증상이 나타나지 않기 때문에 간질환으로 고통받아 병원을 찾았을 때는 이미 치료 시기를 놓친 경우가 많다. 그러니 안타깝지만 그러한 환자들을 위한 치료제 같은 것은 존재하지 않는다. 그저 균형 잡힌 적절한 식단을 처방해줌으로써 그들의 고통을 조금이나마 줄여주는 방법밖에 없다.

실제로 식단에서 환자들의 건강을 갉아먹는 정크푸드를 없애는 대신에 더 많은 채소를 추가하고 술을 금하자, 그들의 몸과 마음이 점점 호전되기 시작했다. 그리고 환자들에게 가끔가다가 적당량의 프리바이오틱스나 프로바이오틱스를 섭취하게끔 했다. 이런 식으로 환자들의 미생물총 생태계를 바꾸어놓자 그들의 건강이 눈에 띌 정도로 좋아졌다.

지금의 유럽과 미국 사회는 너무 쉽게 약을 처방하고 너무 빨리 약을 삼켜버리는 이른바 항우울제 과소비로 고통받고 있다. 그러니 장기적인 관점에서 보면 미생물총과 우울증의 상관관계와 그 둘 간의 변화에 관한 연구는 대중의 건강을 지키는 일에 앞장서게 될 것이다. 또한 이 연구 결과에 따라 앞으로는 음식을 통해 국가건강보험시스템을 구해내는 맛있는 방법이 나올지도 모른다.

5장

왜 우리는
알면서도
멈추지 못할까?

왜 우리는 이토록 쾌락을 탐할까?

───● 오랫동안 술을 즐기던 로베르^{Robert}는 결국 알코올의존증에 걸리고 말았다. 중독치료를 받았음에도 반주를 한다는 것이 종국에는 점점 더 심해져서 다시금 알코올의존증에 빠지게 되었다. 그러니 그런 그가 알코올성 간질환을 치료하기 위해 나를 다시 찾아온 것은 그리 놀라운 일도 아니었다. 잘 알려졌다시피 술은 정크푸드와 함께 간 건강을 파괴하는 최대 주범이다. 알코올이 배출하는 산화스트레스는 세포를 파괴하고 상처 회복을 더디게 하며 경화나 암 같은 질병을 일으킨다.

당시 로베르의 생사는 금주 성공 여부에 달려 있었다. 나는 그의 병이 완치되려면 간질환과 중독 문제를 동시에 다스려야 한다고 판단했다. 내가 보기에 이 둘은 같이 해결해야 할 문제였다.

모든 중독과 모든 의존증이 순전히 심리 문제에 기인한다는 주장은 현실과 맞지 않다. 이 논리에 따르면 중독은 병이 아니며, 중독된 사람은 의지박약이라서 투쟁하려는 시도조차 하지 않아 알코올이든 음식이든 마약이든 중독된 대상을 소비하고 싶은 저항할 수 없는 욕구, 즉 '갈망craving'에 무너져버린 자를 뜻하기 때문이다.

로베르는 걱정이 아주 많은 사람이었다. 진료하는 동안 그에게 왜 술을 마셨냐고 묻자 긴 침묵 뒤에 그가 꺼낸 말은 "불안에서 벗어날 수 있는 유일한 방법이 술이었어요"였다. 어떤 면에서 그의 대답은 틀리지 않았다. 실제로 알코올은 불안감을 잠재워주고, 찰나이지만 기분을 좋게 해준다. 하지만 지나친 음주는 중독을 일으킬 수도, 몸을 망가뜨릴 수도 있다.

한편 알코올이나 마약 의존증과 간질환을 동시에 앓던 다른 환자들처럼 로베르 역시 알코올과 정크푸드를 주식으로 하는 매우 나쁜 식습관을 가지고 있었다. 그러니 그의 두 가지 질병을 동시에 치료하기 위해서는 영양균형을 회복하는 일이 무엇보다 시급했다.

왜 아무 이유 없이 우울할까?

나는 세균들의 먹이인 식이섬유가 풍부한 식단 외에 장 투과성을 회복하는 데 도움이 되는 새로운 무기를 도입하는 것이 합리적이라 판단했고, 원하는 결과도 빨리 얻을 수 있으리라 생각했다. 새로운 무기란 바로 프룩토오스fructose였다. 이 당은 녹색 채소의 진액이자 식단에서 제할 이유가 전혀 없는 유익한 음식이다. 로베르는 자신의 미생물총을 우리가 함께 '복구'한다는 상황에 대해 이미 마음의 준비를 끝낸 상태였다. 당연히 복구를 위한 심리치료도 병행했다. 다행히 그는 내 말을 믿고 잘 따라와주었다. 현재 그는 금주에 성공했고 운동도 쉼 없이 한다. 그 덕분에 그의 간은 아주 건강해졌다.

누구나 중독자가 될 수 있다

─────● 어떤 이들은 힘든 일을 마치고 집에 돌아가면 고단했던 하루를 보낸 자신을 위로하기 위해 술 대신에 과자나 아이스크림같이 단 음식이나 고지방 식품을 탐닉하곤 한다. 이런 음식들을 섭취하면 뇌에서는 세로토닌을 즉각 분비하기 때문에 그 순간만큼 우리는 기분이 좋아지는 듯한 느낌에 사로잡힌다. 문제는 음식을 다 먹고 나면 자연스레 세로토닌의 분비가 줄어든다는 점이다. 급격한 세로토닌의 감소는 불안이나 우울감이 강화되는 역효과를 낳는다. 결국에 우리는 기분 좋은 상태를 유지하기 위해 이러한 음식들을 계속해서 찾게 되며 이런 상황에 지속적으로 노출됨으로써 뇌는 당

왜 아무 이유 없이 우울할까?

분에 중독되고 만다.

미국《뉴욕포스트》출신의 작가인 윌리엄 더프티^{William Dufty}가 자신의 저서인 『슈거 블루스』에서 설탕을 니코틴 혹은 헤로인 이상의 중독성을 가진 물질로 규정하고, 설탕 섭취를 중단하면 금단증상이 나타난다고 주장한 이유 역시 이 때문이다. 따라서 알코올에 중독되었던 로베르처럼 누구나 설탕과 지방에 중독될 수 있다. 그런데 DSM^{Diagnostic and Statistical Manual of Mental Disorders}*에 설탕 중독에 관한 언급이 없어 정신분석학자들 사이에서도 이를 중독으로 봐야 하는지 의견이 분분하다. 하지만 설탕 탐닉이 중독을 정의하는 열한 가지 기준 가운데 여러 조건에 정확히 부합하기에 이 역시 중독이라고 보는 것이 타당할 듯하다.

중독을 부르는 위안과 만족은 착각이 아닐뿐더러 순수한 정신기제만의 문제도 아니다. 위안은 신체의 기질과 대사산물에서 비롯되는 것으로, 화학작용과 신경 회로를 활성화하는 신경전달물질 메커니즘의 산물이다. 알코올의존자나 허기증 환자에게 술을 그만 마시라거나 소식하면 해결된다고 충고하는 것만으로도 충분하다는 생각은 그만두자. 너무 많이

*―― 정신질환 진단 및 통계 편람.

마시거나 너무 많이 먹는 것은 도파민이나 세로토닌, 가바 그리고 체내에서 자연스럽게 생산되는 다른 미립자들의 문제이기도 하니까 말이다.

사회적으로 가치를 높게 쳐주는 다른 종류의 중독에서도 이러한 현상을 찾을 수 있다. 예를 들어 어떤 운동선수들은 운동에 대한 '의존성'을 가지고 있다. 이들은 운동을 통해 얻을 수 있는 쾌락을 계속해서 추구해나간다. 그렇다고 해서 운동 중독을 알코올이나 음식 중독과 동급이라고 생각해서는 안 된다. 알코올이나 음식에 중독된 이들은 만족감이 최고치를 찍을수록 죄책감이 배가되며 심리적으로나 사회적으로나 자신을 평가절하할 뿐 아니라 다음번의 '갈망'이 또다시 들이닥칠 때까지 이러한 심리 상태가 계속되기 때문이다.

그래서 나는 중독환자가 '대체 의존성'이라고 불리는 단계로 넘어갈 수 있게 유도하며 치료하는 편이다. 그러나 예전에 알코올의존자였던 사람은 알코올에서 얻은 것과 비슷한 만족감을 극한의 운동을 통해 다시 획득할 수도 있지만, 또다시 중독 사이클에 빠질 위험성도 배제할 수 없다. 이름난 운동선수들 중에서 은퇴 후에 알코올이나 마약에 빠지는 경우가 종종 있었다는 실례 또한 이러한 가설을 증명해준다. 겹치거나 유사한 행동이 나타날 수 있다는 사실도 무척 놀라운 일이다. 마치 이전의 중독에서 얻을 수 있었던 쾌락을 찾아 다른 중독으로 넘어가는 것만 같다. 그렇다면 이러한 중독은 어떠한 메커니즘 속에서 일어나는 것일까?

2018년 미국 펜실베이니아대학교University of Pennsylvania의 인디아 레디India Reddy와 아우렐리오 갈리Aurelio Gali가 속한 연구팀은 중독의 메커니즘을 밝히기 위해 중독 현상에 미생물총이 개입한다고 가정한 뒤 코카인에 중독된 쥐들을 대상으로 놀랄 만한 실험을 진행했다. 연구팀은 그 쥐의 간에서 생산된 담즙 회로를 소화기관으로 향하게 바꾸어놓았다. 수술을 받은 쥐들의 담즙은 세균이 만든 대사산물을 장으로 흘려보내고 다시 활용되기 위해 간으로 돌아오는 대신, 직접 소화관 하부에 도착함으로써 세균과 전혀 접촉하지 않을 수 있었다. 담즙은 다른 영양분들을 저장하고 몸의 각 조직으로 배분하는 간으로 되돌아왔다. 그러나 소화 세균들에 의한 변화는 거의 없었다.

우리는 코카인 흡입자들이 기대하는 흥분과 '보상' 작용에 대해 알고 있다. 쥐들에게서 이 작용은 활동성의 증가로 나타났다(코카인에 중독된 쥐들은 훨씬 더 빨리, 더 자주 움직였다). 하지만 수술을 받은 쥐들에게서는 이러한 행동이 거의 나타나지 않았을뿐더러 마치 코카인을 복용하지 않은 듯이 행동했다.

기대했던 쾌락 그 이상을 주었던 마약임에도, 수술을 받은 쥐들은 코카인을 찾기는커녕 코카인에 흥미조차 보이지 않았다. 쥐들의 마약 의존성은 코카인을 섭취하기 이전으로 돌아가 희미해졌고, 더는 중독 증세를 보이지 않았다.

한편 연구팀은 뇌 속의 담즙(간에서 생산되는) 수용체로 연구를 확대해 쥐들이 수술을 받지 않았다 하더라도 이 수용체들 가운데 하나인 TGR5 수용체를 유전자조작으로 제거하면 쥐들이 코카인에 의존하는 일이 훨씬 줄어든다는 사실을 밝혀냈다. 이는 담즙이 뇌에 미치는 영향이 억제되었기 때문이다.

이 연구의 핵심은 코카인에 중독된 이들이 이러한 화학 치료를 반드시 받아야 한다는 것에 있지 않다. 그저 소화 세균과 간이 분비하는 담즙이 중독 문제에 중추적인 역할을 한다는 것을 규명함으로써 현실적인 중독치료의 실마리를 제공하려는 데 있다.

최근에는 의존증이 단지 담당의나 환자의 자유의지에만 달린 문제가 아니라는 의식이 점차 자리 잡아가는 듯하다. 우리가 의존증에 걸리는 것은 간 때문이기도 하다. 간은 미생물총이 변화시킨 담즙을 다시 사용해 각 조직에 담즙을 배분하고 영양소를 줌과 동시에 뇌에도 작용한다.

몇 년 전이었더라면 이 이야기는 허무맹랑한 소리라며 비난받았을 것이다. 실제로 의학 연구가 이어지는 동안에도 학교에서는 담즙의 유일한 역할이 지방의 소화를 돕는 것이라고 가르쳤다. 물론 이러한 사실이 담즙의 본질적인 특성인 것은 맞지만 이제 우리는 담즙의 역할이 이것 하나에만 국한하지 않는다는 사실을 우리의 아이들에게 가르쳐야 할 때다.

자, 이제 또 다른 실험 사례를 살펴보자. 벨기에의 파트리스 카니Patrice Cani 교수와 이자벨 르클레크Isabelle Leclercq 교수가 지휘하는 연구팀은 야심만만한 실험을 진행한 바 있다. 두 사람은 오늘날에는 과학계에서 대부분 기정사실로 받아들이는 가설을 가지고 연구를 시작했다. 그 가설은 불안과 우울증 같은 많은 정신적 문제가 장내 미생물총의 변화와 연관이 있다는 것이었다. 두 사람은 관찰을 통해 중독 증상을 가진 사람들, 특히 알코올에 의존적인 사람들이 불안과 우울 증세를 보인다는 사실을 알아냈다.

이들의 초기 연구는 미생물총 자체에 대한 것이 아니라 소화관의 이상 유무 여부에 맞춰져 진행되었다. 소화관은 소화되지 않은 음식이 다른 신체조직으로 넘어가지 않도록 해줄 뿐만 아니라 이곳에 잔류한 세균들이 해로운 영향을 끼치거나, 때로는 정말로 위험한 영향을 미칠 수 있는 다른 조직들로 침투해 자리 잡지 못하도록 보호하는 역할도 한다.

소화 장벽은 네 개의 층으로 이루어졌다. 신이 꿰맨 것처럼 촘촘히 연결된 세포들로 구성된 층이 그 하나이며, 첫 번째 층이 두 번째 층을 생성한다. 두 번째 층은 소화관과 직접 맞닿아 있는, 두꺼운 점막으로 되어 있는데, 소화에 필요한 소화액이 세포를 공격하지 못하도록 보호해준다. 다른 두 층 중 하나는 근육으로 이루어져 있고 또 다른 하나는 신경, 혈관, 림프관, 점액 분비선을 감싸는 결합조직이다.

연구팀이 실험을 위해 모집한 사람들은 모두 알코올의존자였다. 연구팀은 개별 소화 장벽 특성에 따라 실험 참가자들을 두 그룹으로 나눴다. 첫 번째 그룹은 장벽이 튼튼한 사람들로, 두 번째 그룹은 장벽이 약하고 장 투과성이 높은 사람들로 구성했다.

연구팀은 금주 프로그램도 진행했다. 아이러니하게도 장 투과성이 높은 사람들로 이루어진 두 번째 그룹은 금주하는 동안에 첫 번째 그룹보다 더 큰 불안감을 드러냈으며 스트레스에도 훨씬 취약했다. 불안을 '잊기 위해' 술을 마시려는 강렬한 욕망, 이른바 '갈망'에 지배된 것인데, 이는 한층 더 심각한 알코올의존증으로 다시 빠질 수 있는 위험성이 있음을 의미했다.

그다음으로 연구팀은 피실험자들의 미생물총을 분석했다. 장 투과성이 높은 사람들에게서는 장내 미생물 불균형도 나타났다. 항염증 세균의 수와 세균의 다양성이 적었던 반면에 유해균이 높은 비율을 차지하고 있었던 것이다. 특히 소화관에 해로운 물질을 생성하는 세균들의 비율이 높은 것으로 드러났다.

이는 다른 중독에서도 관찰 가능한 현상이었다. 그에 따라 유익균을 잡아먹고 장벽을 공격하는 세균들의 해로운 작용을 억제하기 위한 보조적인 치료제의 문제가 대두되었다. 과학자들이 프리바이오틱스에 기대하는 역할 중 하나가 바로 이것이다.

오늘날의 중독치료는 중추신경계를 대상으로 한다. 즉 신경전달물질을 변경시키는 방법을 찾는 것이다. 항우울제를 직접 주입해 시냅스에서 세로토닌의 비율을 높임으로써 세로토닌의 강하를 막는 식이다.

그런데 이제 우리는 중추신경계 외에도 거식증, 마약, 알코올과 같이 많은 중독이 일어나는 작동 기전을 알아냈다. 중독은 장내세균의 구성과 기능을 변화시키고 혈관 벽을 약하게 만들며 투과성을 높인다. 이는 앞서 살펴본 것처럼 미생물총과 중추신경계를 잇는 축을 통해 뇌 기능에 연쇄적인 영향을 주는 것이다.

사과 한 알이 가져온 일상의 변화

──● 얼마 전부터 나는 또 다른 '건강 요소'의 효과를 연구하고 있다. 사과의 껍질과 씨, 강낭콩 꼬투리, 펙틴 보조제에 풍부하게 들어 있는 식이섬유인 펙틴이 바로 그것이다.

음식에서 얻을 수 있는 다른 식이섬유들처럼, 본래 펙틴이 프리바이오틱스를 의미하지는 않는다. 하지만 펙틴이 소화관에 도착하면 이를 좋아하는 세균들이 소화해 장내 미생물총의 기능을 변화시키는 프리바이오틱스의 속성을 띠게 됨으로써 프리바이오틱스와 유사해지는 것이다.

우리 팀은 펙틴의 효능을 확인하기 위해 알코올에 중독된 비만한 쥐로 실험을 진행했다. 실험 쥐들에게 펙틴을 주었을

왜 아무 이유 없이 우울할까?

때, 펙틴은 거의 마법과도 같은 효과를 일으켰다. 펙틴은 알코올로 간이 손상되는 것을 예방할 뿐 아니라 손상된 간을 회복시키기도 했다. 심지어 쥐들이 알코올을 계속 섭취하는 상황일 때도 같은 효과가 나타났다. 어떻게 이런 일이 일어날 수 있었던 것일까?

펙틴이 소화관의 점막을 변화시키자 유해균을 방어하는 면역기능이 강화되면서 유익균이 증가할 수 있었다. 그 때문에 독성물질이 덜 침투하도록 장 투과성이 달라졌으며 소화관의 면역성도 개선되었다.

금주를 향한 여정에서, 펙틴이 알코올에 대한 저항할 수 없는 욕구이자 골칫덩이 같은 '갈망'을 누그러뜨릴 수 있다는 사실은 그리 놀랍지 않다. 벨기에의 카니 교수와 르클레크 교수가 이끄는 연구팀이 알아낸 사실만 보더라도 금주는 장내 미생물 불균형 및 높아진 장 투과성과 밀접한 관련이 있다. 따라서 펙틴이 금주에 도움을 준다는 결론은 논리적으로도 타당하다고 할 수 있다.

한편 이 연구팀은 펙틴을 이눌린으로 변경해 연구를 이어나갔고 마늘과 양파에 많이 들어 있는 이눌린 역시 펙틴과 비슷한 효과를 보인다는 사실을 밝혀냈다. 알코올에서 벗어나지 못하는 사람들이 매일 마늘과 양파를 먹는다면 술을 덜 마시게 될 수도 있는 것이다.

이러한 결과는 다양한 병증을 보이는 사람들에게 건강기능
식품 형태의 펙틴을 제공했을 때 나타날 효과를 추정할 수 있
게 해준다. 금주 중인 사람들, 자살을 포함해 극단적인 행동
양상을 보이는 사람들, 거식증이나 과체중으로 고통받는 사
람들, 제2형 당뇨병에 걸린 사람들이 펙틴을 섭취하면 긍정적
인 효과를 기대할 수 있는 것이다. 소화기나 간 질환으로 고통
받는 환자들에게 현재 알려진 모든 치료법과 더불어 펙틴은
(그런 치료법을 대치한다는 것이 아니라) 새로운 길을 열어준다.
중독이나 우울증뿐 아니라 '복통'도 행동장애와 관련이 있는
경우가 허다하다. 마치 스트레스가 설사와 변비를 일으키고
그로 인해 스트레스가 더욱 가중되는 악순환이 일어나는 것
처럼.

모든 식이섬유가 그러하듯이, 펙틴도 과잉섭취하면 갈증을
유발하고 영양소 흡수를 방해할 뿐 아니라 섬유질이 장을 막
음으로써 장에 많은 가스가 찰 수 있으며 복부팽만과 불쾌감
이 따를 수 있고 더 나아가 복통이 일어날 수 있다. 따라서 현
재로서는 부작용 없이 유익함만을 가져다줄 수 있는 펙틴의
적정량을 정하는 과제만이 남아 있다.

자, 그렇다면 어떤 식품에 펙틴이 가장 많이 들어 있을까?

바로 사과다. 그러니 '하루에 사과 한 알을 먹으면 의사가 필요 없다'는 유명한 영국의 속담이 괜히 나온 것도 아닌 듯싶다. 물론 사과 한 알만으로 모든 병을 고치지는 못한다. 그러나 매일 한 개의 사과를 먹는다면 놀라운 예방 효과가 있을 것이다(되도록 껍질째 먹을 수 있는 유기농 사과를 먹기 바란다).

고로 항상 사과를 손이 닿는 곳에 두자. 군것질거리가 생각날 때마다 사과를 한 입 베어 무는 습관을 들인다면 하루하루가 달라질 것이다. 사과를 먹는 것은 입과 위장을 달래는 가장 건강한 방법이다. 게다가 사과로 위장만 채우는 것은 아니다. 우리가 사과를 섭취함으로써 우리 뇌의 신경전달물질들 또한 유익균이 생산하는 좋은 대사산물을 먹을 수 있게 된다. 어쩌면 우리가 사과를 먹을 때마다 이 물질들이 우리에게 감사 인사를 하고 있을지도 모른다.

6장

스트레스를
받을 때는
뭘 먹어야 할까?

스트레스를 받으면 우리 몸은 어떻게 될까?

───● 　우리는 좋든 싫든 매일 스트레스를 받으며 산다. 참, 다행한 일이 아닐 수 없다! 왜냐하면 스트레스가 무조건 나쁜 것만은 아니기 때문이다. 진화 전문가들에 따르면 인류가 살아남을 수 있던 것은 스트레스가 방어기전으로 작동한 덕분이었다. 일반적으로 스트레스는 적응하기 어려운 환경이나 외부 위험에 노출되었을 때 나타나며 정서적으로 불안감과 경계심을 드러낸다. 그리고 우리는 위험한 상황이 지나가길 기다리며 자신의 내면(혹은 자신의 동굴 안)으로 침잠하고 낙담한다.

　'스트레스stress'는 라틴어 'stringere'에서 유래했는데, 문자 그대로 '조이다' '압박하다' '긴장하다'라는 뜻이다. 이 말은 1930년대에 스트레스 학설을 제창한 이래로 50여 년을 스트레스를 연구하는 데 헌신한 오스트리아 출신의 캐나다 생리학자 한스 셀리에$^{Hans\ Selye}$가 만들어냈다. 그렇다면 의학에서는 스트레스를 어떻게 정의할까?

　의학적으로 스트레스란 신체에 가해지는 외부 자극에 대해 긍정적이든 부정적이든 우리의 몸과 정신, 또는 감정에 영향을 끼치는 신체의 반응메커니즘을 의미한다. 우리 몸은 스트레스를 유발하는 상황이 발생하면 우리가 그에 대응하거나 최소한 적응할 수 있도록 반응을 일으킨다. 스트레스반응은 대사산물, 신경세포, 화학물질 들을 통해 만들어지고 곧이어 정신적 반응이 일어나 다른 신체 기관들에 전해진다. 예컨대 만일 뛰어야 하는 상황이라면 다리근육에 신호가 전달되어 아드레날린이 분비될 것이다.

　이러한 스트레스에 대한 메커니즘을 밝힌 이 역시 셀리에 교수다. 1936년, 그는 《네이처》에 '다양한 유해자극으로 생긴 증후군'이라는 제목의 한 장짜리 논문을 발표했다. 논문에는 '일반적응증후군$^{general\ adaptation\ syndrome}$'이라고 해 신체가 스트레스요인에 노출되었을 경우 나타나는 신체의 방어 반응 3단계가 나와 있으며, 각 단계에 대한 내용은 다음과 같다.

1단계: 경고 신체가 균형을 되찾기 위해 스스로 보호하는 반응을 보이는 단계

예시 상사가 나를 부르면, 나는 그의 자리로 가기 위해 근육을 움직여 의자에서 일어난다. 가는 동안에 상사가 내게 무엇을 지시할지, 또 그와 어떤 대화를 나누어야 할지 생각하는 등 마음의 준비를 한다.

↓

2단계: 저항 신체가 스트레스요인에 적응하려 노력하는 단계

예시 미팅이 연기되는 바람에 다시 미팅을 준비해야 한다. 또 퇴근 시간이 얼마 안 남은 상황에서 상사가 나에게 새로운 업무를 준다. 그런데 퇴근 전까지 일을 끝낼 수 없으므로 야근을 해야 할 듯싶다. 나는 돌아가는 상황을 파악하느라 거기에 온 신경을 집중하는 각성 단계에 머물러 있으며, 그에 따라 내 몸은 호르몬을 분비한다.

↓

3단계: 탈진 반복되는 스트레스요인에 장기간 노출되어 결과적으로 에너지가 소진된 단계

예시 과중한 업무가 몇 주, 심지어 몇 달 전부터 이어졌다고 생각해보자. 내 몸은 더는 자력으로는 일을 계속해나갈 수 있는 에너지를 발산하지 못한다. 나는 어찌할 바를 모르겠고 피로감은 극에 달했으며 왠지 모를 불안감이 덮쳐온다. 기억력도 감퇴하고 불면증도 있는 듯하다. 때로는 복통과 편두통 증세를 호소한다. 만일 이러한 상황이 계속된다면 번아웃에 걸리고 각종 질병이 나타날 수 있으며, 심각한 상황을 초래할 수도 있다. 그러니 이를 순수하게 '심리' 차원의 질병이라고만 치부하는 것은 적절치 않다.

잘 알다시피 모든 사람이 똑같은 상황에서 스트레스를 받더라도 같은 반응을 보이는 것은 아니다. 감정이 격해지거나 과도한 생체반응이 일어나는 사람이 있는가 하면, 속마음은 알 수 없으나 겉으로는 초연한 태도를 보이는 사람도 있다. 스트레스 앞에서 일견 냉철해 보이는 이들을 볼 때면, 자신을 통제하고 침착함을 유지하는 데 놀라운 심리적 능력을 개발한 것은 아닐까 하는 생각이 들곤 한다. 이 말도 어느 정도 일리 있지만, 스트레스에 대한 개개인의 반응이 다른 것은 우리 몸이 모두 똑같지 않다는 데 있다.

스트레스요인이 발생하면 우리의 뇌는 여러 입자를 분비하며 반응하기 시작한다. 이 입자들 가운데 신장 바로 위에 자리

왜 아무 이유 없이 우울할까?

한 부신피질이 분비하는 코르티솔이 있다. 코르티솔은 '스트레스호르몬'이라고도 불리는데, 그 이유는 우리가 스트레스와 같은 외부 자극에 노출될 경우 그에 대항할 수 있는 에너지원인 포도당을 신속하게 만들어 우리 몸 곳곳에 공급해주기 때문이다. 또 다른 호르몬인 아드레날린은 심장박동 수를 증가시키고, 기관지와 동공을 팽창시키며, 근육에 산소를 전달하는 등 우리가 스트레스에 맞설 수 있게끔 신경 차원에서 특정한 수용체들을 자극한다. 그래서 아드레날린도 스트레스호르몬으로 분류한다.

사실, 의지만으로는 조절하지 못하는 생리 반응들이 존재한다. 그러니 스트레스로 힘들어하는 사람에게 마음의 평온을 찾으라는 둥, 스트레스의 가장 흔한 증상 중 하나인 복통을 없애려면 스트레스를 그만 받아야 한다는 식의 어쭙잖은 위로를 건네서는 안 된다. 스트레스로 괴로운 감정을 느끼는 건 훨씬 더 복잡미묘한 생리적인 작용 때문이니까.

신체의 이상 반응, 이를테면 궤양이나 염증성 대장염 같은 복통이 생겨서 내원한 환자 중 많은 이들이 휴가를 떠나면 증상이 없어지거나 통증의 발생빈도가 줄어들곤 했다. 그들은 일상생활 속 스트레스가 자신의 의지가 약해서 발생한 문제라고 여겼는데 진짜로 그럴까?

나는 상담을 통해 그들이 한가로운 휴가 기간에 섭취한 음식이 그 전과 다르다는 사실을 알게 되었다. 그들은 평소 급하게 삼키던 치킨 마요네즈 샌드위치 대신에 여유롭게 준비한 음식과 채소, 과일 등을 천천히 음미했다. 이는 오늘날 우리의 기분과 행동에 영향을 준다고 알려진 미생물총의 중요성을 다시금 되새기게 한다.

이러한 내 생각은 무균상태에서 자라 몸속에 미생물총이 거의 없는 쥐들을 관찰하다가 세균이 스트레스 유발에 일정 역할을 한다는 사실을 발견하면서 더욱 확고해졌다. 무균 쥐들은 위험에 직면했을 때조차 불안해하지 않았다. 위험은 우리를 병들게 하지는 않지만 스트레스를 일으키는 첫 번째 요인이다. 특히 우리의 평정심을 무너뜨리는 다른 요소에 맞닥뜨렸을 때 반응하게 한다.

분변 이식을 통해 쥐들에게 세균을 주입해 몸속에 미생물총을 만들어놓자, 쥐들은 모든 생명체가 살고자 하는 표현인 공포심과 경계심을 자연스럽게 습득했다. 만일 스트레스를 받고 불안해하는 쥐의 분변을 무균상태의 쥐들에게 이식했다면 그러한 쥐들의 특성이 고스란히 전달되었을 테고, 다른 쥐들의 평균치보다 훨씬 더 많은 스트레스를 즉각 받았을 것이다. 이 실험을 통해 알 수 있듯이, 미생물총을 변경함으로써

왜 아무 이유 없이 우울할까?

뇌가 외부 자극에 가장 약한 반응을 보이도록 만든다면 스트
레스를 덜 받게 할 수도 있다.

일상의 스트레스
완화하기

————● 2011년, 프랑스 방되브르레낭시$^{Vandoeuvre-lès-Nancy}$ 연구센터의 미카엘 메사우디$^{Michaël\ Messaoudi}$가 주축인 신경정신약리학 연구팀이 선구적인 실험을 선보였다. 심각한 우울 증세를 보이지 않으며 '평범하게' 스트레스를 받은 60명의 자원자를 두 그룹으로 나눠 30일 동안 실험을 진행한 것이다. 연구팀은 첫 번째 그룹에는 락토바실루스 헬베티쿠스$^{lactobacillus\ helveticus}$와 비피도박테리움 롱검$^{bifidobacterium\ longum}$이라는 두 종류의 프로바이오틱스를 투약했고, 두 번째 그룹에는 위약만 제공했다.

실험 기간을 전후로 참가자들은 두 가지 테스트를 받았다.

하나는 스트레스호르몬인 코르티솔 수치를 재는 것이었고 다른 하나는 불안의 정도를 측정하는 것이었다. 과연 어떤 결과가 나왔을까?

프로바이오틱스를 먹은 사람들은 30일 만에 코르티솔 수치가 눈에 띄게 감소했을 뿐만 아니라, 스트레스를 받으면 생기는 두려움, 화, 불안, 신체화장애somatization 같은 증상도 확연히 완화되었다. 그 반면에 위약을 먹은 두 번째 그룹의 참가자들에게선 어떤 특이한 변화도 나타나지 않았다.

연구팀은 대상만 쥐로 바꾼 채 같은 실험을 진행했다. 다만 이번에는 세 그룹으로 나눈 뒤 첫 번째 그룹에는 두 개의 프로바이오틱스를, 두 번째 그룹에는 항불안제를, 세 번째 그룹에는 위약을 투여했다. 불안 테스트 점수는 사람에게 행한 것과 똑같은 결과가 나타났다. 위약을 먹은 쥐들은 불안도 측정에서 62.25점이라는 평균점을, 항불안제를 먹은 쥐들은 33.5점, 프로바이오틱스를 먹은 쥐들은 47.5점이 나왔다. 즉 이 실험의 결과가 보여주는 것은 스트레스가 발생했을 때에 미생물총의 역할이다.

이와 비슷한 실험이 2019년에 이루어졌다. 이탈리아 베로나대학교University of Verona의 앤절라 마로타Angela Marotta와 미르타 피오리오Mirta Fiorio 교수는 '건강한' 38명의 참가자를 두 그룹으로 나눈 뒤, 6주간 첫 번째 그룹의 참가자들에게는 락토바실루스와 비피도박테리움 계열의 여러 세균으로 구성한 프로바이오틱스 혼합제재를, 두 번째 그룹에는 위약을 투여했다. 그리고 실험 참가자들의 기분과 감정, 피로도, 화를 내는 경향, 수면의 질 등을 측정하기 위한 몇 가지 '기분 테스트'를 실험 초반과 중반 그리고 실험이 끝난 뒤에 진행했다.

위약을 먹은 그룹에서는 어떤 의미 있는 변화도 일어나지 않았다. 그 반면에 프로바이오틱스 혼합제재를 매일 먹은 그룹에서는 눈에 띄는 효과가 나타났다. 우울증 점수가 9에서 2로 내려갔으며 분노 정도와 피로도 수치도 10에서 2로 낮아졌다.

내 딸 역시 두 사례처럼 일상적인 스트레스를 받은 사람들 가운데 하나였다. 딸은 상급 학교 진학을 위한 중요한 시험을 앞두고 있던 터라 학업 스트레스에 시달리고 있었다. 나는 딸에게 성급한 조언 대신에 프로바이오틱스를 처방해주었다. 그 덕분인지 아이는 평소보다 불안한 마음이 훨씬 덜했으며, 스트레스도 덜 받았다고 했다. 나 역시 딸이 한결 평온해졌다는 걸 느꼈다.

물론 이 실험들은 건강한 사람들을 대상으로 한 것이기 때문에 건강이 안 좋은 사람들, 극심한 스트레스를 호소하거나 심각한 우울증으로 마음이 얼어붙은 사람들에게도 프로바이오틱스가 효과가 있을까? 하는 의문을 가지는 이도 있으리라. 이를 규명하기 위한 새로운 연구들이 지금도 진행 중이다. 하지만 과학에서, 특히 의학에서 실험 결과를 표준으로 만드는 일은 결과가 유효해야 함은 물론이거니와 증명할 때까지 계속해야 하기에 무척 지난한 길이다. 그러니 신뢰할 만한 결과를 도출할 때까지 차근차근 단계를 밟으며 앞으로 나아가야 한다.

스트레스를 없애고 싶다면 영리하게 먹자

———● 앞서도 보았듯이, 프로바이오틱스는 살아 있는 세균들을 일컫는다. 이 세균들은 아직도 많은 부분이 베일에 가려져 있는 수많은 종과 계열에서 발생했다. 몇몇 계열의 세균은 요구르트와 사우어크라우트에 자리를 잡아 발효를 돕는다. 우리 장내에 사는 또 다른 세균들은 음식을 통해서는 얻을 수 없기 때문에 실험실에서 배양해 캡슐 형태로 시중에 판매하는 것을 사면 된다.

우리는 이 세균들 능력의 한곗값이 어디까지인지 여전히 파악하지 못했다. 내일의 약을 만들기 위해 탐험해야 할 미지의 영역이 오늘의 우리 앞에 펼쳐져 있는 셈이다.

미생물총은 지문처럼 사람마다 다르기에 이런저런 질병을 치료하는 데 더 효과적이고 더 적합한 세균은 무엇인지, 저마다의 미생물총과 시너지를 내면서 새로운 환경에 더 잘 적응할 수 있는 세균은 무엇인지 알아내기 위해 앞으로 해야 할 연구들은 수없이 남아 있다.

나 역시 이 질문들에 대한 답을 아직도 찾지 못했지만, 환자들이 가벼운 불안 증세를 호소하거나 일상의 작은 스트레스로 신체적 고통이나 기분 저하, 기분의 불안정 등을 보일 때면 프로바이오틱스를 처방하는 편이다.

때로는 나 자신이 비이성적이라고 느껴질 만큼 나는 과하게 소비하는 항불안제보다는 프로바이오틱스를 선호한다. 항불안제는 심각한 우울증이나 조울증, 조현병과 그 외 중증의 신경증, 정신병으로 인해 일상생활에 지장을 받는 환자들을 치료할 때만 처방한다. 약간 예민하다거나 스트레스를 조금 받는다고 해서, 아니면 짜증이 난다고 느낄 때마다 약물의 도움을 받을 필요는 없다. 오히려 건강한 식사로 우리의 신경전달물질과 수용체를 자연스럽게 변경하는 일을 선행하는 것이 훨씬 낫다.

지금과 달리 예전에는 락토바실루스 헬베티쿠스와 비피도박테리움 롱검 같이 유해균의 성장을 억제하고 건강기능식품으로 판매하는 프로바이오틱스를 선호했다. 하지만 많은 임상경험을 통해 모든 프로바이오틱스가 모든 사람에게 똑같은 방식으로 작용하지 않는다는 것을 알게 되었다. 때로는 각 환자에게 적합한 좋은 균주를 찾을 때까지 세균의 양이나 구성을 조절하는 것이 필요하다. 예를 들어 건강기능식품으로 나온 특정 브랜드의 락토바실루스 헬베티쿠스는 다른 회사의 제품과 완전히 같지 않다. 그렇다고 해서 어떤 상표가 다른 상표보다 절대적으로 좋다고 말할 수도 없다. 각각의 브랜드가 판매하는 제품의 균주 종류에 따라 사람마다 맞는 것이 있고, 아닌 것이 있을 테니 말이다.

한편 앞서 살펴본 초기 연구들의 결과에 대한 신뢰도는 프리바이오틱스 효과로 더욱 높아졌다. 아일랜드 코크대학교 University College Cork의 아우렐리우스 버로카스Aurelijus Burokas 교수가 이끄는 연구팀은 프리바이오틱스 효과에 관심을 보이며 이와 관련한 실험을 진행했다. 그들은 프리바이오틱스를 주입한 건강한 쥐들의 상태를 관찰했는데, 실험 쥐들은 어떠한 불안이나 스트레스 증세를 보이지 않았다. 오히려 실험이 끝난 뒤에 쥐들은 더 건강해졌고, 오픈 필드 테스트에서도 중심부에서 보낸 시간이 평균 85초에서 120초 정도였을 만큼 불안이나 스트레스 지수 역시 높지 않았다. 어떻게 이런 결과가 나올 수 있었던 것일까?

실험 쥐들의 장내 미생물총을 분석한 결과 항염증 속성을 지닌 세균은 증가하고, 공격적인 특정 비피더스균의 수는 감소했다는 사실이 나타났다.

영국 옥스퍼드대학교^{University of Oxford} 정신의학과의 크리스틴 슈미트^{Kristin Schmidt}가 주축인 연구팀은 사람을 대상으로 이와 비슷한 실험을 진행했는데, 참가자들은 프락토올리고당과 갈락토올리고당이라는 두 종류의 프리바이오틱스를 섭취한 덕분에 스트레스호르몬인 코르티솔의 분비가 줄어들었다.

자, 이제 우리가 해야 할 일은 명확해졌다. 스트레스에서 벗어나고 싶은가? 그렇다면 먹어라! 단, 영리하게 먹어라!

가루나 알약 형태의 프로바이오틱스를 먹는 것도 좋지만, 자연적으로 프로바이오틱스를 포함하고 있는 요구르트나 사우어크라우트, 우유와 과일의 유산균 음료, 맥주 효모 같은 음식도 잘 챙겨 먹어야 한다. 이런 음식들 가운데 하나만이라도 매일 섭취하려고 노력해보자.

게다가 접시 위에 올릴 수 있는 음식의 종류는 다양할 뿐 아니라 매우 맛있기까지 하다! 기회가 있다면 다음 음식들을 음미해보길 바란다.

▶ **프락토올리고당과 이눌린**: 양파와 마늘, 브로콜리와 아스파라거스, 혹은 통밀과 호밀.

▶ **풍부한 식이섬유**: 렌틸콩, 병아리콩 같은 말린 채소.

▶ **이눌린**: 치커리, 돼지감자, 시장의 진열대에서 쉽게 찾아볼 수 있는 양배추, 아주 작은 양배추인 브뤼셀 스프라우트, 꽃양배추, 케일, 콜라비 등

▶ **프리바이오틱스**: 강낭콩 꼬투리, 브로콜리 그리고 파. 아니면 오늘날 다시 재배하기 시작한 파스닙* 채소도 좋다.

▶ **펙틴**: 사과 껍질에 함유되어 있으므로 매일 사과를 먹는다면 그 자체가 약이 될 것이다.

화를 잘 내는 성질을 차츰차츰 가라앉게 해주는 데 도움이 되는, 식이섬유가 풍부한 음식들을 접시에 담는 습관을 들여보자. 한마디로 익힌 채소나 생채소, 샐러드와 과일을 가까이 해보자. 그렇다면 이런 음식들을 먹기만 해도 정말로 건강이 좋아질까?

미국 루이지애나주립대학교Louisiana State University 생의학연구센터의 안나도라 브루스켈러Annadora Bruce-Keller 연구팀이 한 실

---

* —— 당근과 비슷한 뿌리채소로, '설탕 당근'이라고도 불린다.

왜 아무 이유 없이 우울할까?

험 결과를 본다면 어떤 선택을 하는 것이 옳은지 판단할 수 있을 것이다. 이 실험에 쓰인 쥐들은 식단을 바꾸기 전까지는 건강했다. 그러나 질 나쁜 음식을 먹기 시작하면서부터 장 투과성이 달라졌고 스트레스를 곧잘 받았으며 불안 증세를 보였다. 이러한 증세를 의학에서는 '일반적인 염증 과정에 따른 반응성 우울증'이라고 부른다. 이 쥐들과 똑같은 실패를 경험하고 싶지 않다면 지방과 당질의 과잉섭취를 피하자.

7장

자폐증을 유발하는
장내세균

자폐증,
감기 같은 몸의 질병

매우 상이한 증상을 보이는 자폐증의 정식 의학적 명칭은 '자폐스펙트럼장애TSA'로, 현재로서는 이 병의 정확한 발병 원인에 대해서 밝혀진 바가 없다. 의사소통 및 언어장애, 행동장애, 사회적 상호관계의 어려움, 제한된 관심사, 반복적인 행동 패턴, 극도의 두려움과 불안 호소, 소화와 섭식 문제, 신경 발달의 기능장애 등 자폐증의 범주는 매우 광범위하기 때문에 이와 비슷한 증세를 보이면 우선은 자폐증을 의심해볼 필요가 있다. 게다가 자폐증은 소아 1000명당 한 명꼴로 발생하며, 대부분 36개월 이전에 나타나므로 조기 발견이 무엇보다 중요하다.

예전에는 자폐증의 발병기전이 심리적 요인 때문이라고 여기는 게 일반적이었다. 대표적으로 오스트리아 출신의 미국 심리학자 브루노 베텔하임Bruno Bettelheim은 아이와 애착 관계를 제대로 형성하지 못하고, 자녀를 따뜻하게 보듬지 않는 차가운 엄마가 아이를 자폐증으로 만든다고 주장했다. 그의 이론이 정설로 받아들여지면서 정서 결핍 때문에 자폐아들이 생겨난다는 사고방식이 사회적인 통념으로 자리 잡았고 이로 인해 자폐아를 둔 당시 어머니들은 죄책감에 짓눌려 살아야만 했다. 하지만 지금은 베텔하임의 주장이 잘못됐다는 것이 명백해졌다.

그렇다면 자폐증을 유발하는 원인은 무엇일까? 오늘날 전세계적으로 자폐증의 발병 건수는 당뇨병, 알레르기, 자가면역질환 못지않게 해마다 빠르게 증가하는 추세다. 높은 생활 수준에 엄격한 위생을 철칙으로 하고, 먹을거리가 풍족하며 가공식품이 많은 부유한 국가들에서 특히 그렇다. 이민자들이 최근에 그 나라로 갔다고 하더라도 몇 세대 전에 앞서 정착한 사람들만큼이나 주변 환경에 강한 영향을 받으며 그곳 사람들의 생활 방식에 쉽게 물들어 이런 질병에 쉽게 노출된다. 한마디로 자폐증 발병은 경제적 요건보다 지리적 요건을 우선시한다.

현재 자폐증의 발병기전을 추적하는 열정적인 탐사가 세계 곳곳의 대규모 연구소들을 중심으로 이루어지고 있다. 이같은 연구들 덕분에 자폐증이 감기처럼 '치료' 가능한 질병이 될 수 있으리라는 희망이 생겨나기 시작했다. 게다가 완치까지는 아니더라도 자폐스펙트럼장애의 증상 일부를 확실히 경감시킬 수 있는 치료의 가능성 또한 엿볼 수 있게 되었다. 과학자들은 자폐증의 원인이 정신이 아닌 몸에 있을 거라고 의문을 품고 있는데, 그중 내가 보기에 가장 흥미로운 실마리는 장내 미생물에 관한 것이다.

여러 연구에 따르면, 자폐증을 앓는 사람들은 중증 행동장애보다 훨씬 더 심각한 장내 미생물 불균형으로 고통받는다고 한다. 그들의 장을 점령한 세균들은 보통의 다른 사람들이 흔하게 보유한 세균들과 다르다. 특히 자폐증환자의 장에는 비타민 B1을 생산하는 프레보텔라 계열의 세균이 훨씬 적게 자리하고 있었다.

이러한 관찰 결과를 보고, 미생물총이 자폐증을 유발하는 유일한 요인이라고 성급하게 결론 내려서는 안 된다. 모든 질병의 발생 원인은 매우 복합적이므로 한 가지 이유 때문이라고 단정할 수 없다. 유전적 결함이나 뇌 기능 손상 같은 생물학적인 요인과 함께 이전 장에서 다룬 다른 질병들처럼 자폐증도 환경에 영향받는다는 사실을 염두에 두어야 한다. 다만 한 가지 분명한 사실은 미생물총이 이런 요인들에 더해 자폐증 발병에 있어서 중요한 역할을 담당한다는 점이다.

미국 캘리포니아대학교의 룰루 왕Lulu Wang 교수와 댄 토마스Dan Thomas 교수팀이 진행한 연구는 자폐증에 관해 매우 특이하지만 큰 반향을 일으킨 임상적 특징을 보여주었다. 연구팀은 589명의 자폐아를 자폐가 아닌 그들의 형제자매와 비교했다. 관찰 결과 자폐아의 42퍼센트가 변비나 설사 같은 소화장애를 겪고 있었다. 그 반면에 그들의 형제자매가 소화장애를 겪는 경우는 12퍼센트에 불과했다. 자폐 증상이 심할수록, 특히 행동장애가 심할수록 소화관의 문제는 더욱 심각했다.

2017년, 미국 애리조나주립대학교University of Arizona의 로자 크라이마닉브라운Rosa Krajmalnik-Brown 교수가 이끄는 연구팀은 이 연구 결과를 한층 더 발전시킨 실험을 진행했다. 연구팀은 자폐증을 앓는 7세에서 17세까지의 아동 18명을 대상으로 임상을 했다. 그해 실험에 참여한 아동들은 자폐증이 아닌 건강한 사람들의 대변을 이식받았는데, 분변 이식을 한 지 10주가 지났을 무렵에 매우 인상적인 결과가 나왔다. 18명 중 16명은 자폐증 환자에게서 흔히 볼 수 있는 복통이 50퍼센트 이상 감소했던 것이다. 행동 면에서는 자폐 증상을 측정하는 테스트인 아동기 자폐증 평정척도^{CARS} 점수 또한 22퍼센트 낮아졌다. 사회적 상호작용, 예민함, 과잉행동, 반복적인 언행, 비정상적인 대화 등을 평가하는 점수도 한층 개선되었다. 첫 실험으로부터 2년이 흘렀을 무렵인 2019년에는 이 결과가 더욱 공고해졌다. 연구 초반에는 '중증 자폐증'으로 진단받은 아동이 83퍼센트였지만 2년 뒤인 2019년에는 17퍼센트로 줄어들었다.

유의미한 실험인 것은 맞지만, 이 연구는 비교대조군 없이 진행했다는 점에서 한계를 가지고 있다. 이를테면 실험에 참여한 아동들의 증상이 긍정적으로 개선된 데에는 실험 기간 중 이들을 특별히 잘 돌보았다는 사실이 영향을 주었을 수도 있다. 대조군이 있었더라면 이런 가정의 타당성이 증명되었으리라는 아쉬움만 남는다.

이런 한계가 있음에도 이 연구는 자폐증 치료에 대한 희망을 품게 하고, 미생물총과 이식할 세균의 양을 더욱 세밀하게 연구하기 위한 드넓은 탐구의 장을 제공해준다. 따라서 앞으로의 연구에서는 적절한 세균의 용량을 결정하고 이를 보완할 수 있도록 매뉴얼을 정교화하는 것이 중요하다. 예를 들어 유익균을 늘리는 데 좋은 식품, 증상 개선을 도와줄 약물치료, 분변 이식으로 얻은 긍정적인 결과를 유지하게 해줄 심리치

료, 증상이 완화되는 환자들을 돕기 위해 개선해야 할 환경요
인들에 관해서도 지속적인 연구가 이루어져야 할 것이다.

뇌가 아니라, 장이 진짜 원인이라면?

2019년 5월, 사르키스 매즈매니언Sarkis Mazmanian 교수가 학계를 뒤흔드는 연구 논문을 발표했다. 미국 캘리포니아공과대학교California Institute of Technology의 칼테크 연구팀은 미국과 이스라엘의 여러 연구소와 협력해 살균 처리한 상자에서 키운 무균상태의 쥐들을 대상으로 실험을 진행했다. 이 쥐들은 미생물과 접촉한 적이 전혀 없었기 때문에 장내에 미생물총이 형성되어 있지 않은 상태였다.

실험 쥐들은 사람의 대변을 이식받아 '인간화'되었다. 첫 번째 그룹은 자폐증환자들의 대변을, 두 번째 그룹은 자폐증이 아닌 사람들의 대변을 이식받았다. 신기하게도 첫 번째 그룹의 쥐들은 분명한 자폐 형태의 행동장애를 급속하게 보이기 시작했다. 물론 인간과 같은 질병 형태는 아니었지만, 증상은 거의 비슷했다. 그 반면에 두 번째 그룹의 쥐들은 보통의 쥐와 같은 정상적인 행동을 보이기 시작했다.

한편 평가 테스트에서는 더욱 분명한 차이가 나타났다. 먼저, 오픈 필드 테스트에서 첫 번째 그룹의 쥐들이 뛰어다닌 거리가 훨씬 짧았다. 다만 이는 운동성이 줄어들었음을 의미할 뿐, 우울증과 관련해 행동이 줄어든 것은 아니었다. 이 쥐들은 공간의 중심부를 피해 다니며 벽을 파는 행동을 보이지 않았다. 그저 느릿하게 사방을 돌아다닐 뿐이었다.

다음으로, 구슬 파묻기 테스트에서 첫 번째 그룹의 쥐들은 '자폐가 아닌' 쥐들보다 훨씬 더 많은 구슬을 강박적으로 반복해서 파묻었다. 쥐들은 구슬 전부 혹은 거의 모든 구슬을 위협적인 존재로 받아들였다. 실제로도 자폐스펙트럼장애가 있는 사람들은 물이나 소리를 포함해 우리의 일상을 에워싸고 있는 모든 것으로부터 극한의 두려움을 느꼈다.

왜 이런 결과가 나타났을까? 두 그룹 쥐들의 미생물총을 검사했더니 중요한 차이점이 드러났다. 장내에 존재하는 세균의 수와 다양성이 현저하게 다르게 나타난 것이다. 연구팀은 세균들이 생산하는 대사산물을 분석해 좀 더 정밀한 데이터

왜 아무 이유 없이 우울할까?

를 확보했다. 대사산물은 순환하는 혈류를 지나가며 뇌에 의해 특정 유전자들의 발현에 영향을 미쳤다. 특히 다음과 같은 사실들이 밝혀졌다.

① 첫 번째 그룹의 쥐들은 대사산물인 타우린의 비율이 평균보다 낮았다. 이는 자폐증이 심한 사람들에게서도 종종 관찰되는 바다. 이러한 결과에 고무된 연구자들은 자폐 쥐들에게 타우린을 먹였는데 아직 젖을 떼지 않은 새끼들에게서 가장 극적인 효과가 나타났다. 타우린은 미생물총이 유발하는 해로운 것들을 대부분 막아냈다. 결과적으로 새끼들은 거의 완전히 '정상'으로 돌아왔다. 그 반면에 뇌가 완전히 자란 어른 쥐들에게서는 이러한 효과가 보이지 않았다. 그렇다면 이를 사람에게도 똑같이 적용할 수 있을까? 이 질문에 대한 답은 인간이 아직 열지 못한 상자 안에 담겨 있다.

② 신경의 흥분을 가라앉히는 대사산물인 5 – 아미노발레르산[5AV]에서도 비슷한 결과가 나왔다. 매즈매니언 교수는 '인간에게는 자폐증을 유발하는 많은 요인이 있으며, 그 요인들은 쥐보다 훨씬 더 복잡하다'는 사실을 수긍하면서도 '언젠가 자폐와 연관된 증상들을 세균의 대사산물이나 프리바이오틱스 약제로 치료할 수 있을 것'이라는 기대를 버리지 못했다. 아마도 이 같은 그의 생각은 뇌보다는 장에 집중한 치료를

예견한 것이리라.

또 연구팀은 분변 이식으로 자폐증에 걸린 쥐들은 뇌 안의 특정 유전자들이 발현할 때 비정상적으로 변이한다는 사실을 밝혀냈다. 해당 세포 내에서 유전자를 만드는 생화학 과정을 알아낸 것인데 이러한 변화는 자폐증이 없는 사람들의 미생물총을 이식받은 쥐들에게서는 일어나지 않았다. 연구팀이 밝혀낸 유전자들은 다음과 같다.

▶ **Fmr1 유전자**: X염색체의 유전자 이상으로 지능 저하를 초래하거나 학습장애를 보이는 유전질환인 X증후군fragile X syndrome의 특징을 지니며, 지적장애와 연결된 희귀 유전질환이다.

▶ **Ank2 유전자**: 자폐스펙트럼장애를 유발하는 결정적 역할을 하며, 현재 중요한 연구 대상으로 부상하고 있다.

▶ **Ube3A 유전자**: 15번 염색체의 이상으로 발생한다고 알려졌으며, 이유 없이 오랜 시간 웃는 것이 특징인 엔젤만증후군angelman syndrome을 일으키는 유전자다. 신경질환인 엔젤만증후군은 발달이 심각할 정도로 지연된다는 특징을 가지고 있다. 이 증후군을 앓는 사람은 언어장애로 말을 못하고, 운동장애나 균형장애 혹은 감각장애가 있으며 심각한 인지장애도 안고 있다.

왜 아무 이유 없이 우울할까?

자폐스펙트럼장애와 미생물총의 상관관계를 밝힌 연구가 많이 있다고 해서 쉽게 그 결과에 열광할 수만은 없다. 매우 드물지만 어떤 질환은 단 하나의 세균이나 단 하나의 유전자가 전적인 발병 요인이기 때문이다. 이는 신체 기능에 영향을 미치고, 다른 증상보다 어떤 특정 증상의 발현 가능성을 더욱 높이는 변이가 가져온 총체적인 작용의 산물이다.

하지만 이러한 과학적 발견들은 자폐증의 복잡한 기저를 한층 더 잘 이해할 수 있도록 도와주며, 언젠가는 임신 기간을 포함한 아주 이른 시기부터 자폐증을 추적해 개입함으로써 질병 발생 위험을 최소화하고 예방할 수 있으리라는 희망을 품게 한다. 특히 젖을 떼지 않은 새끼 쥐들을 대상으로 한 실험은 희망의 가능성을 여실히 보여준다. 누가 알겠는가. 머지 않아 자폐증을 앓는 사람들이 치유의 길로 들어서게 될 날이 올지도 모른다.

자폐증을 고칠 수 있는 무기

─────● 현재로서는 자폐증을 '완치'할 수 있다고 장담하는 과학적 연구 성과가 전혀 없다. 물론 증상을 개선하고 발병 위험을 예고할 수는 있겠지만 그 길 역시 쉽지 않으며 오랜 시간과 막대한 비용이 드는 수많은 연구가 여전히 필요한 상황이다.

지금의 의학 수준으로는 자폐아의 뇌에서 신경 기능을 변경할 수 있는 방법이 없다. 다만 일부 증상만이라도 호전될 수 있게끔 시도할 따름이다.

개인적인 생각으로는 분변 이식이 완전무결한 해결책은 아니다. 분변 기증자들을 엄격하게 관리하고 그들의 대변을 필

왜 아무 이유 없이 우울할까?

터로 거른 후에 환자들에게 이식한다고 하더라도 유익균뿐만 아니라 바이러스에 감염된 다른 세균들과 바이러스 그 자체, 곰팡이 혹은 우리가 아직은 미처 알지 못하는 것들이 전달될 위험성을 배제할 수 없기 때문이다. 게다가 암이나 다발성경화증 같은 다른 질병을 일으킬 인자를 전달할 가능성도 있다. 즉 살아 있는 세균을 장내에 이식한다 해도 세균이 늘 최상의 상태로 그 안에 정착하리란 보장이 없는 것이다.

또한 여러 변수를 가진, 한 사회의 문화도 고려해야 한다. 따라서 세균을 직접 주입하기보다는, 세균의 대사산물을 주입하는 것이 현명한 방법일 테지만 이 역시도 지금으로서는 요원하다. 하지만 10년 뒤나 20년 뒤, 아니면 그보다 더 오랜 시간이 지난 뒤에, 유해균과 그들의 대사산물이 작용하는 기전은 분명히 밝혀질 것이다.

자폐증을 완벽하게 고칠 수 있는 법을 아직 찾아내지는 못했지만, 일부 증상을 완화할 수 있는 방법들이 있다. 만일 프로바이오틱스 섭취와 식단 변경을 통해 복통을 줄일 수 있고, 미진하더라도 행동장애를 개선할 수 있다면 시도하지 않을 이유가 없지 않은가.

정크푸드를 줄이고 채소를 늘리는 식사를 하면 며칠 내로 장벽이 호전되고, 독소 물질이 신체와 뇌로 유입되는 것을 줄일 수 있다. 이는 장내 미생물 불균형과 관련 있는 모든 질병에 적용 가능한 유익한 메커니즘이다.

태어난 지 3주 이하의 자폐 쥐들(인간으로 치면 생후 1년)을 관찰했을 때 장벽에서 변이가 진행되었는데, 세균이 배출하는 독소 물질은 변이가 발생한 장벽을 빠져나와 미완성인 상태의 뇌로 향했다.

실제로 이러한 메커니즘의 작용을 확인하기 위해 미국 볼티모어 존스홉킨스대학교Johns Hopkins School of Medicine의 폴 탤러레이Paul Talalay와 앤드루 짐머맨Andrew Zimmerman이 이끄는 연구팀은 중증 자폐증 환자인 청소년 40명에게 18주 동안 브로콜리 추출물인 설포라판을 섭취하게 했다. 참가자들에게 어떤 변화가 일어났을까?

놀랍게도 참가자들의 42퍼센트에게서 언어소통 능력 개선 효과가 나타났다. 그리고 46퍼센트에게서는 사회적 상호작용이 개선되었다. 마지막으로 참가자의 54퍼센트에게서는 비정상적인 행동이 감소한 것으로 드러났다. 실험이 종료된 뒤 연구팀은 "자폐증을 정복하는 길은 요원하지만, 이 연구가 증상 개선을 위한 중요한 정보를 제공한다는 점에서 큰 의미가 있다"라고 의의를 두었다.

사실 자폐증 환자가 식단을 바꾸기란 무척 어려운 일이다.

그들은 자신이 알지 못하는 음식을 맛보기 꺼리며 특정한 색깔이나 독특한 식감을 지닌 음식만 받아들이기 때문이다. 하지만 극단적인 편식은 장내 미생물 불균형을 더욱 심각하게 만들어서 증상이 나빠지는 결과만을 초래할 뿐이다. 그러니 앞서 말한 방법을 시도해보지 않을 이유가 전혀 없다.

8장

신경을 쓸 때마다
왜 배가 아플까?

불안해서 아픈 걸까, 아파서 불안한 걸까?

나는 오랫동안 '질병'이 무엇인지 이해하려고 고심해왔다. 책에서 본 것과 현장에서 체감한 병은 정말 달랐다. 처음 내가 의사 가운을 입은 지 얼마 안 되었을 때 내원한 환자들 중에는 소화기 문제로 여러 병원을 전전하다가 나를 찾아온 경우가 종종 있었는데, 그들이 들고 온 두툼한 진단서에는 장기능장애, 과민대장증후군 같은 모호한 말들만이 쓰여 있을 뿐이었다. 그래서일까? 사실이든 아니든 많은 환자들이 의사가 자신의 말을 제대로 들어주지 않는다 여기고 있었다.

그중에서도 한 환자가 늘 마음 한구석에 남아 있다. 나는 내과적 치료보다는 그의 정신적 치유가 우선이라고 생각해 그에게 정신과의사를 소개해주었다. 그러나 그는 정신과에 가지도, 나를 다시 찾아오지도 않았다. 그때의 나는 그가 정신과로 가기 위해 내 진찰실 문을 밀고 들어온 게 아니라는 사실을 알지 못했다. 내가 군이 떠밀지 않았더라도 본인이 원했다면 스스로 정신과에 찾아갔을 텐데 말이다. 나는 그 사실을 깨닫기까지 오롯이 혼자만의 길을 걸을 필요가 있었고, 그 후로 환자들에게 정신과 진료를 권하지 않았다.

내가 간질환과 소화기장애 진료를 담당한 이래 과민증 때문에 나를 찾아온 환자들이 굉장히 많이 있었다. 물론 이 질병으로 고생하는 사람들은 자신이 매우 예민한 사람이라고 말하는 법이 없었다. 심지어 자신이 예민하다는 사실조차 자각하지 못하는 이들도 많았다. 그러다 보니 나는 예민한 사람들을 식별하는 법을 자연스레 깨우치게 되었다.

과민증은 일종의 '안테나'라고 할 수 있다. 과민증 환자들은 주변에서 일어나는 일에 신경을 곤두세우기 때문에 다른 사람보다 변화를 더 잘 느끼고, 주변 환경으로부터 더 쉽게 영향을 받는다. 대부분은 가볍게 넘어가는 사소한 일이 그를 괴롭게 할 수도, 울게 만들 수도 있다.

그렇다면 이와 같은 성향은 타고나는 것일까, 아니면 갖은 학대와 가족 간의 갈등 그리고 심연에 새겨진 폭행의 기억같

왜 아무 이유 없이 우울할까?

이 자신의 과거에서 비롯된 특수한 인식의 발로인 것일까? 원인이야 어찌 되었든 지울 수 없는 아픈 기억들은 마음 한쪽에 움튼 다음에 폐부를 찌르는 고통으로 자라나 결국에는 예민한 이들을 잡아먹는 괴물이 되고 만다. 이러한 감정의 괴물은 실제로 경험했던 고통의 순간보다 더 그를 괴롭힐 뿐만 아니라 몸에 이상 반응을 일으킨다.

임상경험에 비추어보면, 과민증은 복통으로 발현되는 경향이 있다. '과민대장증후군'은 이따금 매우 심한 아랫배 통증을 동반하고 설사와 변비를 번갈아 일으키며 때로는 복부팽만으로 불쾌감을 유발한다. 그리고 이 증후군을 호소하는 이들 중 일부는 위산이 역류한다거나 목구멍이 따끔거리는 증상과 함께 전반적으로 몸 상태가 나빠진다고 느꼈다. 문제는 이러한 상태가 만성질환으로 이어지면 중요한 순간에 장이 말썽을 일으킬지도 모른다는 걱정에 오히려 증상이 악화되고 스트레스가 가중되어 우울증을 일으킬 수 있다는 점이다.

자, 그럼 의학에서는 어떤 사람들을 과민하다고 정의할까? 우선, 과민한 사람들은 본인 스스로가 완벽하다고 느낄 때까지 세세한 부분에도 신경 쓰며 업무 처리 방식에 엄격하다. 그 다음으로, 다른 사람들에게 늘 관심을 쏟으며 소외될까 염려하고 불안감을 느끼며 인정받으려는 욕구가 강하다. 또 무슨 일이든지 쉽게 결정하지 못하고 뜸을 들이며 주저하고 의심한다. 폭력을 혐오하지만 울컥하는 성향이 있어서 쉽게 화를 낸다. 게다가 누구보다도 작은 소리에 민감하게 반응하고 늘 신경이 곤두서 있으며 쉽게 번아웃증후군에 빠진다. 그래서 어떤 사람들은 과민증이 약점이라고 생각해 이를 감추려고 애쓰지만, 순간순간 솟구쳐오르는 감정들을 해소하지 못해 술을 퍼마시거나 폭식을 하기도 한다. 결국 건강한 섭취가 아닌, 몸에 해로운 과잉섭취가 빈번해지면 장기적으로 건강에 악영향이 미칠 수밖에 없다.

그렇다고 해서 과민증인 사람들이 조직 생활에 맞지 않는 것은 아니다. 특히 예술가들이나 창작자들, 아이디어가 샘솟는 혁신가들 중에서 과민증인 경우가 많았다. 이들은 내향적이면서도 다 같이 일하기 좋아하며, 약점이자 장점인 과민증의 특성들 덕에 팀에서 중요한 일을 담당하기도 한다.

과민증 환자 중에서도 시간을 더 들여 상태를 살피고 자신의 이야기를 잘 들어주어야만 하는 이들이 있는데, 이런 경우에는 치료도 쉽지 않다. 그들은 일상생활을 영위하는 데는 커다란 문제가 없지만, 증상이 나타날 때마다 병원에 가야 하므로 일에 지장이 갈 수밖에 없으며, 신체적으로 나타나는 증상들로 인해 병명이 무엇인지 알아내고 그에 알맞은 치료제를

왜 아무 이유 없이 우울할까?

찾기 위해 많은 검사를 받아야 하기 때문에 그에 따른 사회적 비용이 증가할 수밖에 없다.

실제로 내가 담당한 환자 중에 40년 넘게 당뇨 치료를 받아온 한 화가가 있었다. 우리가 처음 만났을 때, 그는 자신이 이전에 다니던 병원의 주치의로부터 끔찍한 복통의 원인이 당뇨병 증세 악화 때문이라는 진단을 받았다며 이야기했다. 나는 그가 가져온 소견서에 따라 그의 병증을 쉽사리 진단하기보다는 그와 신뢰를 쌓는 것이 먼저라고 생각했다. 시간이 지나자 그는 자연스럽게 이런저런 이야기들을 하기 시작했고, 그 이야기들의 조각들을 맞추어나가다 보니 그를 괴롭힌 게 단순히 복통 때문은 아니라는 것을 깨달았다. 그는 예민한 성격으로 인해 고통받고 있었다.

이런 경우에는 환자에게 항불안제를 처방하면 이득보다는 더 많은 해악을 끼칠 수 있으므로 약물치료를 진행하는 것이 어렵다. 거기에다가 고통을 줄여준답시고 약과 변비약을 추가하면 그 순간에는 증상을 호전시킬 수 있겠지만 병의 근원이 없어지지 않았으므로 완치는 불가능하다.

과민증 환자들의 미생물총을 직접 겨냥한 과학 연구는 지금까지 이루어지지 않았다. 과민증인 사람들을 분류하는 일 자체부터 난관이기 때문이다. 어떠한 기준에 따라 실험 참가자들을 선발해야 하는지, 실험군이나 대조군으로 나누기 위해 예민한 성격이라는 기준을 어디에 맞추어야 하는지에 대해 뚜렷한 답을 내릴 수 없기 때문이다.

그 대신 원인을 알 수 없는 복통으로 고생하는 사람들의 장내 미생물총을 분석한 적이 있었는데, 예상대로 그들의 장내 미생물 생태계는 불균형한 상태였다. 이들의 장내에는 복부 팽만의 원인이 되는, 수소와 메탄을 생산하는 세균이 과다하리만큼 서식하고 있었다. 앞서도 말했듯이, 세균은 우리 스스로가 소화하지 못하는 식이섬유를 먹이로 삼는다. 자, 그러니 배 속에 먹이가 많아지면 가스를 생산하는 세균 수가 증가할 것이고, 이 세균들이 만드는 가스의 양도 늘어나 결국 배가 부풀어 오를 것이다. 문제는 과민증 환자들이 일반인보다 이러한 변화에 더 민감하게 반응한다는 점이다.

쥐 실험에서도 이와 같은 반응이 확인되었다. 어미 쥐와 강제로 떼어놓은 새끼 쥐들은 불안해할 뿐 아니라 위장관이 팽창했고 다른 쥐들보다 더욱 예민해졌다. 그렇다면 불안해져서 위장관이 더 예민해지고 더 아프게 된 것일까, 아니면 불안해진 쥐들이 자신의 몸에 더 신경을 집중하다 보니 사소한 이상 증상도 더 쉽게 느끼는 것일까? 이 문제에 대한 답은 과학계에서도 아직 찾지 못했다.

왜 아무 이유 없이 우울할까?

식탁 위의 작은 마법, 포드맵 제한식

———● 섬유질은 배 속에서 고통을 유발하는 발효의 원인이 되므로 과민대장증후군을 겪는 사람들은 세균들이 좋아하는 섬유질이 다량으로 함유된 음식을 피하는 것이 논리적인 해결책이 될 듯하다.

자, 그럼 식단을 어떻게 짜면 좋을까? 무엇보다 가장 먼저 식단을 전부 바꿔야 한다. 우리는 소화하지 못하지만, 세균들은 소화할 수 있는, 식이섬유가 풍부한 모든 음식을 식단에서 완전히 배제하거나 최소한으로 줄여야 한다. 특히 과일과 채소는 항염증 특성을 지닌 건강식품이지만 과민대장증후군을 앓는 환자에게는 독이 될 수 있다. 즉 세균을 굶겨야 한다.

완치는 안 되더라도 대부분은 식단만 조절해도 며칠 혹은 몇 주 내로 증상이 금세 호전된다. 이 시기가 지나면 건강기능식품 제재로 나온 프로바이오틱스 중에서 가장 적합한 제품을 복용해 장내 미생물총의 균형을 되찾는 것이 중요하다.

과민대장증후군 환자들을 위한 식단이 있는데, 이를 '포드맵FODMAP 제한식'이라고 부른다. 포드맵은 장에서 흡수되지 않고 잔류해 발효 가능한 올리고당, 이당류, 단당류 그리고 폴리올fermentable oligosaccharides, disaccharides, monosaccharides and polyols을 통칭하는 말이다. 우리는 이 당들을 소화할 수 없기에 세균들이 우리를 대신해 일한다. 장내 미생물총의 세균들을 굶겨서 없애고 싶다면 다음과 같은 음식들을 식탁 위에 절대로 올려서는 안 된다.

> ▶ **발효 가능한 올리고당이 함유된 식품**: 밀, 보리, 호밀, 콩, 양파, 마늘, 파, 아티초크*, 무, 회향**, 피스타치오, 캐슈너트 등

---

   * —— 지중해 연안이 원산지로 바닷가 근처에서 잘 자란다. 엉겅퀴와 비슷하게 생겼으며, 잎은 깃 모양으로 깊게 갈라지고 톱니가 있다. 꽃받침 부분은 살이 많고 연해 요리에 많이 쓰인다.
  ** —— 원산지는 남유럽으로 알려졌으며 흔히 '펜넬fennel'이라고 불린다. 열매와 줄기 그리고 구근을 향신료처럼 사용하거나 얇게 썰어 샐러드에 넣어 먹는다.

　　　　　　　　　왜 아무 이유 없이 우울할까?

▶ **이당류가 들어 있는 식품**: 우유, 생치즈, 연질치즈, 생크림, 크림 디저트 등

▶ **단당류를 포함한 식품**: 사과, 배, 망고, 체리, 수박 등 거의 모든 과일, 아스파라거스, 껍질째 먹는 완두콩 등 채소 일부, 꿀과 설탕, 글루코스 시럽과 프럭토스 시럽 등

▶ **폴리올을 함유한 식품**: 소르비톨, 말티톨 등 '~올'로 끝나는 모든 종류의 감미료, 사과, 배, 살구, 체리, 천도복숭아, 복숭아, 자두, 수박과 같은 과일, 버섯과 꽃양배추 같은 채소, 잼 등

그리고 포드맵 제한식을 시행할 때는 다음의 사항들을 염두에 두자.

① 장에서 락토스가 발효하는 것을 막으려면 요구르트를 비롯한 유제품을 섭취하는 건 금물이다. 물론 유제품은 세균들이 락토스를 미리 소화했기 때문에 우유보다는 더 흡수하기 쉬운 상태로 되어 있지만 그래도 먹지 않는 것이 좋다. 요즈음에 나오는 락토스 프리 요구르트와 락토스 프리 우유는 과민대장증후군 환자가 먹어도 괜찮다.

② 글루텐 섭취에 주의해야 하므로 가루음식을 피해야 한다.

③   말린 채소를 먹어서는 안 된다.

④   건강에 좋다고 알려진 브로콜리를 포함해 배추 종류를 피해야
한다.

⑤   녹색 채소를 먹으면 안 된다. 다만 발효가 거의 일어나지 않는 시
금치와 강낭콩, 호박은 섭취해도 괜찮다.

⑥   이눌린이 풍부한 마늘과 양파는 놀라운 효능을 지니고 있지만,
과민대장증후군 환자들에게는 좋지 않다.

⑦   마지막으로 모든 여름철 과일은 물론 사과와 배도 먹어서는 안
된다. 그 대신에 감귤류와 파인애플 그리고 소량의 대추야자를 섭취하
는 것이 좋다.

이 식단은 얼핏 매우 특이하고 모순되어 보이지만, 건강에
유익한 부분과 아닌 부분을 고려해 구성한 것이므로 환자에
따라 제한하는 식품 종류는 얼마든지 달라질 수 있다. 무엇보
다 이 식단이 모든 사람을 위한 것이 아니라는 점을 다시 한번
강조해야겠다. 여기서 빼야 하는 음식들은 과민대장증후군

환자를 제외한 다른 사람들은 섭취해도 좋은 식품들이므로.

한편 매우 드문 일이긴 하지만 포드맵 제한식을 평생 지속해야 할 경우도 있다. 내가 의사가 된 지 얼마 안 되었을 때 만나 지금까지 인연을 이어오는 환자가 있는데, 그는 오래전부터 이 식단을 고수해왔다. 지금은 거의 80세가 다 된 할머니로 처음 나를 찾아왔을 때 그는 우울증을 동반한 복통으로 고생하고 있었다. 항우울제를 먹어도 통증은 사라지지 않았고, 증세는 좀처럼 호전되지 않았다. 나는 그에게 포드맵 제한식을 '처방'했다. 그는 당황스러워했지만 더는 잃을 게 없었는지 내 말을 따르겠다고 했다. 포드맵을 시행한 지 3주 만에 그는 정상적인 생활을 되찾을 수 있었다. 증세가 나은 이후로도 그는 지금까지 포드맵 제한식을 지속하며 프로바이오틱스를 함께 섭취하고 있다. 물론 세균들의 먹이가 되는 프리바이오틱스는 절대 먹지 않는다.

하지만 포드맵 제한식의 분명한 효과에도 불구하고, 이 식단이 가져올 부작용도 간과할 수는 없다. 이를테면 유익균들을 잃게 될 위험성이 있으며, 특정 영양소들이 결핍될 수 있을 뿐만 아니라, 장 건강은 물론 온몸을 위협하는 대사장애가 생길 수 있다. 그러므로 포드맵 제한식을 실행에 옮길 때는 반드시 의사나 영양학자와 충분히 상담한 후 그들의 지시를 따라야 한다.

나 역시 이러한 부작용이 발생할 수 있는 확률을 조금이나마 낮추기 위해 환자들에게 포드맵 제한식을 권고할 때는 증상 개선 정도에 따라 다양한 음식의 조합을 계산한 다음, 점진적으로 다시 먹게 하는 방법을 선택한다. 식단에 다시 올리는 음식들 중에는 앞으로도 계속 제한해야 할 것이 있을 수 있다. 이 과정은 매우 길고 복잡하니 인터넷에서 자료를 검색한 뒤 혼자 시도해보는 것은 결단코 좋은 해결책이 아니다.

뺏던 음식을 다시 식단에 넣는 적절한 시기는 포드맵 제한식을 시작한 때로부터 6주에서 8주가량 지났을 무렵이다. 그때쯤이면 복통이 확연히 줄어들기 때문이다.

'대변'으로 모든 병을 고칠 수 있을까?

———● 　지금까지는 세균과, 세균의 대사산물 변화에
만 주목해 밝혀낸 결과들이므로 앞으로 포드맵 제한식이 장
내 미생물총, 장, 장벽, 몸 전체에 어떤 효과를 가져다주는지
에 대해서는 더 많은 연구가 이루어져야 한다.

환자에게 프로바이오틱스를 섭취하게 하고 포드맵 제한식
을 따르게 하면 과민증에서 유발된 불안감이 감소한다는 사
실은 확인된 바다. 하지만 좋은 미생물총과 유익균이 항우울
제 역할을 한다는 점을 생각하면 이 사실 또한 역설적이다. 그
러나 의학이 발전하려면 이러한 역설을 끌어안아야만 더욱더
최적화된 치료법을 개발할 수 있을 것이다.

넘어야 할 다음 산은 포드맵 제한식을 통해 유익한 효과를 최대한 끌어낼 수 있는 사람들의 특성을 규정하는 일이다. 그러므로 연구 초기에는 각각의 사례에서 프로바이오틱스가 가장 잘 적응할 수 있는 환경을 파악하기 위해 장기간에 걸친 관찰과 추적이 뒷받침되어야 한다.

참고로 나는 과민증 환자에게 완치시키지 못하는 까닭을 설명한 뒤 치료를 시작하는 것을 철칙으로 삼는다. 왜냐하면 과민증은 질병이 아니라 성격의 문제이기 때문이다. 그렇지만 생활이 더 편해질 수 있도록 최선을 다할 것이라는 말을 덧붙인다. 나는 그가 소화기 문제뿐만 아니라 복통과 땀, 탈모 등으로 괴로워한다는 사실을 알고 있다. 이 모든 증상은 사방에서 민감하게 자극을 받는 사람들의 과잉된 감정 반응과 연결되어 있다.

늘 불안함을 느끼는 과민증 환자를 치료할 때는 전방위에서 진행해야 한다. 그래서 나는 적합한 식이요법 외에 항염증성 세균들, 즉 불안증과 장 투과성에 작용하는 균주들을 다양하게 혼합한 프로바이오틱스를 선택한다. 많은 임상경험에 비추어볼 때 가장 좋은 결과를 낳은 건 비피도박테리움 롱검, 락토바실루스 헬베티쿠스, 람노서스 같은 균주였다. 때에 따라서는 환자의 장벽을 강화해줄 식품 보조제를 추가한다.

게다가 나는 안구운동을 통해 신경과 감정을 통합하는 EMDR^{Eye Movement Desensitization and Reprocessing}* 요법이나 최면요법을 환자에게 제안하는 등 심리학이나 정골요법 같은 다른 분야들도 치료에 적용하곤 한다. 나는 이 요법들이 유사 의학인지 아닌지 모를뿐더러 그런 딱지를 붙일 생각조차 없다. 그저 내가 보기에 이 요법들은 과민증 환자들이 약을 먹지 않고도 그들 스스로가 자주 호소하는 부차적인 증상들을 극복하는 데 도움이 되는 치료법이다. 더욱이 약을 장기적으로 처방하는 것은 권장하지 않는다. 사실 과민증에서 약 처방은 중요하지 않다. 앞서 이야기했듯이 과민증은 병이 아니기 때문이다.

한편 최근에는 미생물총을 근본적으로 바꾸기 위해 분변 이식을 요구하는 환자들이 점점 늘어나는 실정이다. 하지만 나는 분변 이식에 내포된 위험성 때문에 이 치료법에 대해서는 여전히 조심스러운 입장이다.

현재 클로스트리듐 디피실리^{clostridium difficile}가 원인인 장염 환자에게만 분변 이식을 사용하고 있다. 이 균은 장에서 증식

---

*—— 안구운동 민감 소실 및 재처리 과정을 의미하며, 렘수면에서처럼 좌우 안구운동 같은 양측성 자극을 통해 뇌의 재처리 과정을 촉진하는 치료법이다. 미국의 심리학자 프란신 셔피로^{Francine Shapiro}가 개발했다.

해 독소를 분비하며 장을 공격한다. 몇 년 전까지만 해도 클로스트리듐 디피실리균 감염증을 완화할 수 있는 유일한 방법은 고용량의 항생제 투여뿐이었다. 그러나 이 방법은 증상의 악화를 지연시킬 뿐 사라진 줄 알았던 세균은 몇 달 후 혹은 몇 년 후에 다시 나타나 장을 공격해댔다.

많은 사람이 분변 이식에 대해 여전히 잘 모르기 때문에 이에 관한 같은 질문이 꾸준히 나오는 상황이다. 이를테면 '기증 요건은 어떻게 되나요?' '진짜로 다른 사람의 분변을 이식받아도 괜찮나요?' '대변을 필터로 거른다고 해도 유해균뿐만 아니라 다른 위험 요인들을 완벽하게 차단하는 것이 가능한가요?' '이식은 몇 번이나 받아야 하나요?' '여러 차례에 걸쳐 분변 이식을 받는다면 같은 기증자의 대변을 써야 하는지, 아니면 다른 기증자의 대변으로 바꾸어야 하나요?' 등등을 궁금해한다.

당연한 말이겠지만 병이 있는 사람들은 대변을 기증할 수 없다. 여기서 문제는 겉으론 건강해 보일지라도 어떤 특정 질병의 보균자가 아니라고 확인할 방법이 전혀 없다는 점이다. 이 때문에 분변 이식이 정신질환을 비롯한 모든 질병에 있어서 엄청난 가능성을 지닌 치료법인 것은 맞지만, 당장 이 치료법을 현장에 적용하기에는 무리가 있다. 현재로서는 위대한 의학적 도약을 위해 이제 막 이 분야에 한 걸음을 내디뎠을 뿐이다.

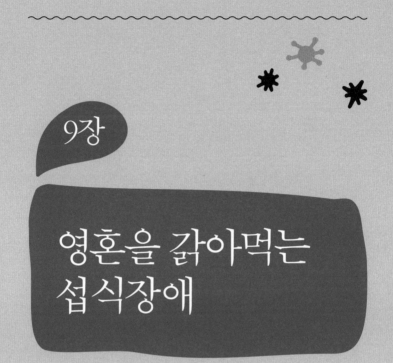

9장

영혼을 갉아먹는 섭식장애

내 입맛을 제멋대로
바꾸어놓은 세균들

———● 2003년, 세계보건기구에서는 거식증을 가장 먼저 치료하고 예방해야 할 청소년 정신질환의 하나라고 발표한 바 있다. 실제로도 거식증은 정신질환 가운데 사망률이 높은 치명적인 병이다.

미국정신의학협회American Psychiatric Association가 발간한 정신의학계의 바이블과도 같은 DSM에 따르면 거식증의 의학적 명칭은 '신경성식욕부진증'이다. 거식증의 발병기전에 대해서는 아직도 완벽하게 밝혀진 바가 없지만, 연구 성과들은 계속해서 쏟아지고 있다. 그러니 거식증이 정신과 관련 있는 질환이라는 통념이 앞으로도 이어질지는 미지수다.

널리 알려진 것처럼 거식증 환자는 극히 적은 양의 음식만을 섭취하며 때로는 사망에 이를 수 있을 정도로 거의 아무것도 먹지 않는다. 이들은 자신의 몸이 해골처럼 삐쩍 마르고, 피부가 푸석해지고, 탈모가 생기고, 치아가 약해지고, 무월경 상태(거식증 환자의 90퍼센트가 생리를 하지 않는다)가 되는 등의 부작용이 생긴다고 하더라도 살이 찌는 것에 대한 극단적인 두려움 때문에 더욱더 살을 빼려고 발버둥 친다.

무엇보다 가장 놀라운 사실은 그들이 실제로도 배고픔을 느끼지 않으며, 설령 허기를 느낀다고 하더라도 그 느낌이 아주 미미하다는 점이다. 게다가 그들은 첫 숟가락을 뜸과 동시에 포만감을 느낀다. 심지어 음식을 보는 것만으로도 배부르다는 느낌을 받는다. 거식증 환자들은 생리적으로 찾아오는 배고픔을 아주 잘 이겨내는 유전자라도 가지고 있는 것일까?

이러한 감각은 단순히 정신적인 현상에만 국한되는 것이 아니다. 우리가 음식을 먹는 순간부터 몸에서는 수많은 메커니즘이 작동하기 시작하는데, 이때 '항상성'이라고 부르는 신체의 조절 능력이 포만감에 관여한다. 그중에는 PYY 같은 소화호르몬의 생성과 관련한 메커니즘이 있다. PYY호르몬이 분비되면 뇌는 더 이상 음식을 섭취할 필요성을 느끼지 못하게 된다. 보통 음식을 한 입 먹기 시작한 때로부터 15분에서

왜 아무 이유 없이 우울할까?

20분이 지나면 포만감이 찾아오면서 배고픔이 가시고 접시 위에 놓인 음식을 맹렬히 공격하고 싶은 욕구가 사라진다.

그런데 최신 장내 미생물총에 관한 연구들로 인해 포만감에 관여하는 세균의 역할이 밝혀지면서 이 도식이 뒤집혔다. 그 중 지금까지 악명이 자자했던 대장균의 역할이 가장 큰 놀라움을 안겼다. 장내에 대장균이 존재하는 이유에 대해서는 오랫동안 밝혀지지 않았다. 그래서 과학자들은 적정한 개체수로 적절한 때에 맞춰 적합한 장소에 있지 않으면 소화기관뿐 아니라 비뇨기관도 망가뜨릴 만큼 매우 심각한 감염을 유발하는 대장균이 왜 우리 몸속에 존재하는지를 밝히고자 했다.

연구를 거듭한 끝에 과학자들은 인간의 장내에 거주하는 대장균의 수가 포만감과 직접적으로 연결되어 있다는 사실을 밝혀냈다. 그래서 대장균 비율이 줄어들 때 (대장균의 수가 줄어들 때) 우리는 배고픔을 느끼는 것이다. 우리가 음식을 먹기 시작하면 대장균의 수는 어마어마하게 늘어난다. 밥을 먹기 시작한 지 9분이 지나면 10억 마리의 어린 대장균들이 우리의 대장 안에서 태어난다. 그리고 15분에서 20분이 지나면 대장균의 수는 두 배에 육박하고 우리는 포만감에 젖어든다.

일반적인 논지는 대장균이 우리가 먹는 것을 동시에 먹는다고 생각하는 것이다. 이런 논리여야만 대장균이 활발하게 활동하는 이유를 설명할 수 있다. 하지만 우리는 대장균이 장내에 살고 있으며 입에서 장까지 가는 데 서너 시간이 걸린다는 사실을 잊어버리곤 한다. 음식은 위에서 평균 두세 시간 머문다. 이때 위에서는 위액을 분비해 음식이 끓어오르는 현상을 막아주는데, 덕분에 소화의 다음 과정이 계속될 수 있는 것이다.

따라서 장에 서식하는 대장균이나 이와 유사한 소화 세균들이 먹는 만찬은 우리가 먹는 음식 자체가 아니라 포만감을 유발하는 특정한 메커니즘을 통해 분비되는 소화액을 가리킨다. 이 메커니즘은 음식을 한 입 먹는 순간 작동하기 시작한다. 심지어 우리가 맛있는 음식을 앞에 두고 침을 꿀꺽 삼키는 순간, 다시 말해 음식에 젓가락이나 숟가락을 갖다 대기도 전에 소화액이 분비된다. 마치 음식을 먹는다는 생각만으로도 배부름을 느끼는 거식증 환자들처럼.

지금도 많은 과학자가 대장균으로 서로 다른 실험들을 진행하고 있다. 대장균에게 소고기, 우유에서 나오는 카제인, 옥수수와 우무의 녹말 배양액을 소량만 먹여도 대장균은 금세 증식하므로 실험실에서 배양하기에 수월하다.

2016년에 있었던 실험 사례만 보더라도 이 같은 사실을 알 수 있다. 프랑스 루앙대학교Université de Rouen의 세르게이 페티

소프^{Serguei Fetissov}가 이끄는 연구팀은 강제로 쥐들을 굶긴 다음, 쥐들에게 대장균을 주입해 장내의 대장균 비율을 인위적으로 끌어올렸다. 그 후 실험군의 쥐들은 대장균을 주입하지 않은 대조군의 쥐들보다 극히 적은 양의 먹이만을 먹었다. 연구팀은 실험을 한 주 더 연장해 자유롭게 먹이에 접근했던 쥐들에게 대장균의 특정 단백질을 매일 두 번씩 주사했다. 실험군의 쥐들은 대조군만큼 자주 먹이를 먹었지만 조금만 먹어도 배고픔이 가셨기 때문에 결과적으로 먹는 양은 대조군보다 훨씬 적었다. 그러다 보니 실험군 쥐들의 살은 자연스럽게 빠졌다.

이 실험에서 발견한 두 가지 단서를 통해 음식 조절에 관한 대장균의 작용 양상을 짐작할 수 있다. 첫 번째 단서는 대장균이 에너지대사에서 중요한 역할을 하는 ATP^{adenosine triphosphate}*를 생산한다는 것이다. ATP는 다량의 에너지를 방출해 생물의 활동에 사용되는 유기화합물로, 식욕 조절과 밀접한 관련이 있다.

그다음으로, 연구팀은 대장균을 주입받은 쥐의 혈액 내에서

---

*──── 아데노신삼인산. 생체 내 에너지의 저장, 공급, 운반을 중개하는 중요 물질로, 단백질의 합성, 근육수축, 자극, 전도, 분비 등에 쓰인다.

대장균이 직접 생산하는 ClpB단백질의 비율이 높아졌다는 사실을 발견했다. ClpB는 두 가지 기능을 하는데 하나는 음식 섭취 여부를 뇌에 알리는 PYY호르몬 생성에 관여하는 것이고 또 다른 하나는 혈액을 타고 뇌까지 가는 것이다.

그런데 문제는 ClpB가 알파－멜라닌세포자극호르몬α-MSH과 매우 유사한 구조를 하고 있다는 점이다. 알파－멜라닌세포자극호르몬은 포만감을 조절하는 호르몬 중 하나로, 우리가 더는 배고프지 않다는 정보를 뇌에 전달한다. ClpB와 알파－멜라닌세포자극호르몬의 구조가 얼마나 비슷한지 뇌가 혼동할 정도다. 뇌는 ClpB단백질이 몰려오는 것을 보면서 우리가 포식했다고 판단한다. 따라서 혈중 ClpB 농도가 높은 쥐는 그렇지 않은 다른 쥐보다 배고픔을 덜 느낀다.

연구팀은 이 실험의 한계를 보완하기 위해 또 다른 실험도 진행했다. 이번에는 쥐들에게 대용량의 대장균을 주입했다. 쥐들은 덜 먹는 것에 그치지 않고 거식증을 앓는 사람들이 겪는 증상을 보이기 시작했다.

사람을 대상으로 한 실험은 지금껏 이루어지지 않았지만, 과학적으로 유의미한 관찰은 몇 차례 있었다. 그중 한 가지 사례를 살펴보자.

이탈리아 밀라노대학교University of Milan의 프란체스카 보르고^{Francesca Borgo}와 엘리자 보르자^{Elisa Borgi}가 이끄는 연구팀은 거식증을 앓는 15명의 장내 미생물총과, 이들과 같은 나이에 같은 인종의 건강한 15명의 미생물총을 비교했다. 거식증에 걸린 사람들의 미생물총 내 대장균의 비율이 대조군보다 훨씬 높은 것으로, 부틸산을 생산하는 클로스트리듐속의 세균들은 부족한 것으로 나타났다. 그런데 알다시피 신체 내에 부틸산의 비율이 높을수록 거식증이나 우울증을 앓는 확률은 낮아진다. 따라서 부틸산의 비율을 높이거나 부틸산을 생산하는 세균의 수를 늘린다면, 불안감을 줄일 수 있을 것이고 어쩌면 식이장애를 개선할 수 있을지도 모른다.

최근에는 미생물총의 교란이 거식증을 유발하는 요인이라고 추정하는 학자들도 있다. 물론 다른 모든 질병처럼 거식증도 개인의 유전력이나 환경, 심리 상태, 살아온 경험을 포함한 여러 요인에서 비롯된 결과일 테지만 이러한 주장 역시 충분히 설득력 있다. 열량 섭취가 턱없이 부족하고, 지방과 당을 철저히 제한하는 것이 특징인 거식증 환자들의 섭식 양상은 이미 불균형 상태였던 장내 미생물 환경을 더욱 교란하며 악화하기 때문이다.

여러 실험 사례의 결과를 보면 '세균으로 과체중인 사람들도 치료할 수 있지 않을까?' 하는 질문이 자연스레 떠오를 것이다. 다르게 말해, 이런 세균을 삼키는 것만으로 식욕을 억제하고 체중을 줄이는 일이 가능할지 생각해보는 것이다.

결론부터 이야기하면 대장균을 거식증의 여왕 세균이라고 칭할 만하지만, 그것을 치료 목적으로 사용해서는 안 된다. 프로바이오틱스 형태로 대장균을 섭취하면 건강에 큰 해를 끼칠 수 있다. 매우 극단적인 돌발 상황을 제외하면, 원래 상태 그대로 장에 서식하는 대장균의 개체수가 문제 될 만큼 많은 것도 아니다. 설사 언젠가 대장균의 잠재적 위험성을 제거할 수 있다고 하더라도, 엄청난 증식 능력 덕분에 개체수가 대폭 늘어난 대장균이 거식증에 이를 정도의 식이장애를 유발할 위험성은 없는지 자문할 수밖에 없다.

이와 비슷한 세균들도 과학자들의 관심을 끌었다. 그리고 어떤 것들은 이미 상용화되었다. 하프니아^{hafnia}속에 속하는 하프니아 알베이^{hafnia alvei} 세균이 바로 그러한 경우다. 하프니아 알베이는 대장균과 마찬가지로 포만감을 불러일으키는 ClpB단백질을 생성하고, 뇌로 가는 포만중추 회로에 영향을 끼친다. 생우유로 제조하는 치즈의 발효를 돕는 하프니아 알베이균은 경질치즈의 딱딱한 겉껍질에서 쉽게 발견할 수 있다. 비록 우리의 미생물총에 하프니아균을 충분히 공급하려면 엄청난 양의 치즈 껍질을 먹어치워야 한다는 것이 문제지

왜 아무 이유 없이 우울할까?

만. 더군다나 이 균이 치즈에만 들어 있어, 불행하게도 치즈를 많이 먹을수록 많은 양의 지방을 함께 섭취할 수밖에 없다. 그런데 다행스럽게도 최근에 하프니아 알베이를 균주로 하는 프로바이오틱스가 출시되었다. 루앙대학교 페티소프 연구팀의 최신 실험은 이 프로바이오틱스를 먹은 비만 쥐들이 음식의 양을 효과적으로 조절했다는 사실을 증명해준다.

미생물총에 관한 많은 연구가 이루어지고 있는 덕분에 또다른 미스터리의 베일이 하나씩 벗겨지고 있다. 예컨대 어떤 환자들의 경우에는 거식증과 폭식증이 번갈아 나타나는데 그 이유를 '화학적'으로 설명할 수 있게 된 것이다.

더 놀라운 사실은 거식증과 폭식증이 자가면역질환과 유사하다는 점이다. 보통 몸속에 해로운 세균이나 바이러스가 들어오면 몸은 자기 자신을 지키기 위해 면역체계를 가동하기 시작한다. 이른바 '다른 몸에 대항하는 몸'인 항체를 만들어내고, 항체는 의심스러운 세균이나 바이러스에 달라붙어 그들을 파괴한다.

극히 예외적인 경우를 제외하고는 몸속 유익균들은 이러한 체내 시스템으로부터 안전하며 항체의 공격을 받지 않는다. 아직 뚜렷한 이유는 밝혀지지 않았지만, 거식증과 폭식증을 번갈아 겪는 사람들의 신체는 대장균이 생성하는 포만 단백질 ClpB를 낯선 몸의 구성원이자 침입자로 여기고 그에 대한 항체를 생산해 공격한다. 문제는 이 항체가 ClpB단백질과 유사한 알파 – 멜라닌세포자극호르몬도 공격한다는 점이다.

이는 신체가 자기 몸을 공격하는 자가면역질환의 작동 과정과 같다. 예를 들어, 췌장의 베타 세포가 망가지면서 인슐린이 분비되지 않아 발생하는 제1형 당뇨병(과체중인 사람이 앓는 당뇨병과 혼동해서는 안 된다)에 걸린 아동의 몸은 췌장을 낯선 신체조직으로 간주해 면역체계를 가동한다.

다만 ClpB단백질과 알파 – 멜라닌세포자극호르몬에 대한 항체의 공격이 어떤 때는 포만감을 높이고(거식증) 또 어떤 때는 포만감을 낮추는지(폭식증) 그 이유를 알아내지는 못했다. 그럼에도 이러한 발견이 의미 있는 까닭은 자가면역질환의 측면에서 특정 섭식장애에 접근할 수 있도록 새로운 시각을 열어주었기 때문이다.

왜 아무 이유 없이 우울할까?

포만감에
속지 않는 법

────● 포만감을 관리할 수 있는 실재적인 두 가지 방법이 있다. 첫 번째는 순전히 화학적 작용인 신체의 호메오스타시스^{homeostasis}, 즉 항상성 조절이고, 두 번째는 쾌락을 조절하는 방법이다.

우리는 때때로 몸이 필요로 하는 에너지의 양보다, 훨씬 많은 양을 먹는다. 다음 날 속이 더부룩해지고 몸이 무거워질 것을 알면서도 같이 있는 사람들과의 시간이 즐거워서 혹은 음식이 너무 맛있어서 등 갖가지 이유를 대며 과식하곤 한다.

우리는 문자 그대로 우리가 삼킬 수 있는 양을 고려하지 않은 채 손에 닿는 대로 음식을 모두 먹어치우고 나서야 죄책감을 느낀다. 비록 죄책감이 들더라도 먹는 즐거움은 여전히 남아 있다. 어쨌든 화학적으로는 그렇다. 그리고 음식이 주는 쾌락은 포만감에 관한 항상성 조절 효과를 넘어설 만큼 강력하다.

여기서 중요한 역할을 하는 호르몬이 바로 도파민이다. 도파민은 우리 몸이 다양한 자극에 반응할 때 '보상'을 선사하는데, 어떤 사람에게는 운동이, 또 어떤 사람에게는 음식이 그러한 매개체가 된다. 때로는 마약이나 술 같은 물질이 도파민 분비를 유도함으로써 중독이라는 구렁텅이에 빠지기도 하지만. 한마디로 우리 몸이 '보상'받는 느낌을 유발하는 활동이라면 무엇이든 도파민을 분비해 우리를 중독자로 만들어버릴 수 있는 것이다. 만취 상태에서도 계속해서 술을 들이켜는 알코올의존자처럼 폭식증인 사람들은 더는 배가 고프지 않아도, 심지어는 너무 먹어서 불쾌한 기분을 느껴도 쉼 없이 먹는다. 왜냐하면 이들은 자신의 불안감을 잠재우기 위해 더 많은 도파민을 생산해내야 하기 때문이다.

다른 중독들도 마찬가지겠지만 과학자들이 식욕 조절의 쾌락 회로, 즉 장내 미생물총과 연관 있는 도파민 신경전달물질계 회로의 모든 비밀을 밝혀낸 것은 아니다. 다만 도파민의 합성과 도파민 수용체의 활성화를 조절하는 특정한 세균이 존

왜 아무 이유 없이 우울할까?

재하는 것만은 분명하다. 연구는 이러한 가설을 중심으로 계속되고 있는데, 다행스러운 사실은 적어도 지금의 우리가 지향해야 할 연구에 대해서 적절한 질문법을 알고 있다는 점이다. 즉각적으로 와닿지는 않겠지만 이것만 하더라도 엄청난 발전이다.

우리 중에는 음식을 먹을 때 도파민이 더 많이 분비되는 사람이 있고 술을 마시거나 운동을 할 때 더 많은 도파민이 분비되는 사람이 있다. 왜 그런 것일까? 과학자들은 그 이유를 알아내기 위해 계속해서 질문을 던진다. '보유한 신경전달물질이 서로 다른 것일까?' '혹시 특정한 장내세균이 만들어내는 단백질에 더 민감한 것일까?' '그러면 어떤 세균들일까?' 등.

게다가 거식증 환자의 미생물총에는 피르미쿠테스문과 클로스트리듐속에 해당하는 세균들이 거의 존재하지 않는다는 사실이 밝혀졌다. 식욕 조절 체계가 무너질 때, 극을 달리는 음식 – 쾌감 회로에서 이 세균들이 맡은 역할이 있는 것일까?

포만감은 체내 항상성을 유지하는 대사 시스템과 쾌락 보상 회로를 통해 조절하는 기술이라고도 말할 수 있다.

앞서 이야기한 것처럼 대장균을 증식하는 데 15분에서 20분가량이 필요하다. 이 시간이 지나면 호르몬은 뇌에 더는 배고프지 않다는 신호를 전달해 접시에 담긴 음식을 그만 먹게 한다.

그런데 식사 시간이 15분이나 20분을 넘기지 않았다면 식욕 억제 기전이 작동하지 않기 때문에 아무리 많은 양의 음식을 먹었다 하더라도 허기는 여전히 가시지 않는다.

이러한 사실 때문에 내가 환자들에게 몇 번이나 당부하는 것이 두 가지 있다. 하나는 음식을 오래 천천히 씹어 먹으라는 것이고 또 하나는 음식을 두 번 집어먹으면 수저를 내려놓으라는 것이다. 혹시 밥을 먹을 때, 음식이 입안에 들어가는 횟수가 평균 15번에서 20번 정도 되며, 그 이상에는 미치지 않는다는 것을 알고 있는가? 한 번 씹고 삼키는 데 1분이 소요된다고 가정하면, 두 번째 먹은 후에는 30여 초를 기다리는 것이 '요령'이다.

나는 배가 고플 때면 사과를 먹는다. 한 번 깨물 때마다 꼭꼭 씹어 먹기 때문에 시간이 꽤 걸리는데, 사과 한 알을 다 먹고 나면 시간이 충분히 흐른 뒤여서 배고픔으로부터 해방된다. 더구나 사과에 함유된 펙틴은 좋은 세균들이 열광하는 먹이니, 나의 장내세균들도 펙틴을 마음껏 먹을 것이다. 여기서 주의할 점은 사과주스로 사과를 대신하고 싶은 유혹에 넘어가면 안 된다는 것이다. 적은 양의 사과주스여도 만들려면 여러 개의 사과가 필요한 데다가 무엇보다 주스를 빨리 마시게 되어 포만감을 느끼게 해주는 메커니즘이 작동하지 않는다.

주스를 마신 뒤 행복한 기분이 들어도 배고픔이 여전히 가시
지 않는 이유가 바로 여기에 있다.

10장

내 머릿속을
휘젓고 다니는 세균

현대의학이 풀지 못한 난제, 파킨슨병과 알츠하이머

────● 노인들이 주로 걸리는 대표적인 신경 퇴행성 질환으로 파킨슨병과 알츠하이머를 꼽을 수 있다. 연령이 높을수록 발생빈도 또한 증가하는 양상을 보이는데, 현대사회가 빠르게 고령화되다 보니 이 두 병에 걸리는 사람들도 급증하는 추세다. 그럼에도 지금으로서는 파킨슨병과 알츠하이머를 고칠 수 있는 치료제가 없어 많은 이들이 고통받고 있다. 지난 몇 세기 동안 두 질환에 대한 치료법이 거의 발전하지 않은 까닭은 단지 뇌와 관련된 병으로만 한정 짓고 연구해왔기 때문일 것이다.

파킨슨병과 알츠하이머의 발병기전과 증상은 다르지만 서

로 많은 공통점을 갖고 있다. 무엇보다 신경의 퇴화와 함께 뇌에 비정상적인 단백질이 축적되는 특징이 서로 같다. 다만 질환을 일으키는 단백질이 같지 않으며, 뇌의 병변 부위도 다르다. 이를테면 기억장애는 알츠하이머 초기 때부터 가장 흔하게 나타나는 증상이다. 파킨슨병의 초기 증상으로는 떨림이나 경직이 대표적이며, 이런 증상들은 단백질이 너무 많이 쌓여서 뇌를 파괴하기 시작할 때 발현된다. 따라서 증상이 보이면 병세가 이미 진전된 상태라고 생각해도 무방하다. 단백질이 쌓이기 시작한 건 이미 수년 전부터일 테니까. 뒤에서 다시 언급하겠지만 만일 미생물총이 이 질병들에도 관여한다면, 이는 증상이 나타나기 전에 미리 진단해 예방할 수 있음을 의미한다.

한편 어떤 사람들은 두 질환을 '프라이온 질환'으로 간주하기도 한다. 몇 년 전에 광우병 때문에 유명해진 프라이온병은 엄밀한 의미에서는 세균, 바이러스, 기생충 등의 감염원이 존재하지 않지만, 우리 몸속의 '정상적인' 단백질을 '비정상적인' 단백질로 '변질시키는' 감염병이라고 할 수 있다. 아직은 명확한 이유가 밝혀지지 않았으나, 단백질은 형태와 구조를 바꾸며 자신과 유사한 단백질에 이 변화를 전달하는 능력을 지닌 것으로 알려졌다. 이 단백질들이 신경세포에 쌓이면서

왜 아무 이유 없이 우울할까?

일종의 '바이러스'가 되어 감염원으로 작용한다. 정상적인 단백질이 프라이온 단백질로 바뀔 때, 우리의 미생물총이 특정 역할을 하는 건 분명한 듯하다. 최근에 새로운 사실들이 발견되면서 두 '신경'질환에 관한 통념이 깨지고 있으며, 과학자들은 환자의 미생물총에 점점 더 주목하고 있다.

나이가 들수록 몸속에 장벽 투과성을 급격히 높이는 친염증 세균들이 많이 자리한 것을 볼 수 있는데, 이는 정상적인 노화 과정에서 나타나는 자연스러운 현상이다. 세균과 장벽의 질적 변화는 당뇨병이나 신경 퇴행성 질환 같은 노화에 따른 질환의 밝혀지지 않은 원인 중 하나일 수 있다.

시작 단계에 있는 모든 연구와 마찬가지로, 이 연구 또한 여전히 많은 의문을 제기하며 때로는 추측에 기대거나 모순적인 요소들을 드러내기도 한다. 가야 할 길이 까마득하지만 새로운 미래를 열어갈 수 있다면 도전해볼 만하지 않을까.

쥐들을 대상으로 한 미생물총 관련 첫 연구들은 신경 퇴행성 질환 치료의 새로운 가능성을 열어놓았다. 물론 이 연구 분야 역시 초기 단계에 불과하므로 임상시험 단계까지 많은 장벽이 남아 있다. 그러나 수많은 기초 자료가 다듬어지고 있으며 비록 단편적이더라도 일부 성과를 얻기도 했다.

소화계 내의 탐욕스러운 단백질이 가져온 결과

──────● 일반적으로 파킨슨병은 근육운동을 조절하는 화학물질인 도파민 생산 신경세포의 기능이 저하되면서 사지와 몸이 떨리고 경직되는 등의 증세가 나타나는 퇴행성 신경질환이라고 알려졌다. 이 밖에도 파킨슨병은 근육의 과도한 긴장(강직), 움직임이 느려짐(서동증), 혼자 움직이기 어려운 운동 불능 등의 증상을 동반한다.

파킨슨병에 걸리면 신경병적 증상을 포함해 다양한 증상이 나타난다. 특히 위장장애는 초기에 보이는 가장 흔한 증상들 가운데 하나다. 실제로 환자들의 병력을 따라 과거로 거슬러 올라가다 보니 15년에서 20년간 변비가 이어진 경우가 많았

왜 아무 이유 없이 우울할까?

으며, 삼킴장애가 뒤따랐다. 물론 그렇다고 해서 변비 증상이 모두 파킨슨병을 예고하는 것은 아니지만!

위장장애를 눈여겨봐야 하는 까닭은 후에 소화관 신경 시스템을 포함한 소화관 전체의 문제가 되기 때문이다. 즉 뇌에 쌓이는 일종의 프라이온 단백질, 알파시누클레인$^{α-synuclein}$이라는 비정상 단백질이 증가해 위장 관련 장애가 심해진다. 여기에서 뇌와 장의 관계는 특히 놀라운 방식으로 표출된다. 그래서인지 어떤 이들은 뇌보다 훨씬 쉽게 접근할 수 있는 장내 미생물총을 추출하면 파킨슨병을 조기에 진단할 수 있다고 믿는다. 그들의 믿음이 어찌 되었든 간에 최신 연구들은 크론병을 앓는 사람들이나 궤양성대장염 환자들이 파킨슨병에 걸릴 위험성이 더 높을 수 있음을 과학적으로 보여준다.

파킨슨병을 앓는 환자들의 미생물총 분석 결과를 들여다보면 놀랄 만한 점이 여러 가지 있다. 그중에서도 연구 결과들을 종합했을 때 한 가지 수수께끼가 풀리는데, 바로 파킨슨 치료제인 레보도파 약물 복용에 따른 반응이 모든 환자에게서 똑같지 않다는 점이다. 레보도파가 거의 효과가 없는 환자들의 미생물총에서는 엔테로코커스 패칼리스$^{enterococcus\ faecalis}$균의 존재가 확연히 드러났다. 이 균은 레보도파가 뇌에 도달해 작용하는 것을 방해할 뿐 아니라 장내에서 레보도파를 파괴하는데, 이는 환자들이 현재의 치료법에 효과적으로 반응하도록 도와줄 놀라운 단서가 된다. 이와 더불어 약의 작용을 방해하는 엔테로코커스 패칼리스균이 도파민의 체내 생성에 개입하면서 질병을 일으키는 데 관여하는 것은 아닌지 의구심을 들게 한다.

이 밖에도 다른 사실들이 밝혀졌다. 핀란드의 필리프 세페리안Filip Scheperjans 박사가 이끄는 연구팀은 환자의 미생물총 내에서 프레보텔라 타입의 세균이 약 77퍼센트나 감소한 사실을 알게 되었다. 그런데 앞서 여성 그룹을 대상으로 진행한 UCLA의 연구에서 알 수 있듯이, 프레보텔라균이 많은 여성일수록 매우 예민한 성격임이 드러났다. 이와 같은 현상은 자폐스펙트럼장애를 앓는 환자들에게서도 나타났다. 이는 비정상적으로 변한 장벽과 관련 있으며, 장 투과성을 더 많이 일으켰다. 이런 점에 비추어볼 때 프레보텔라균이 중추신경계 도달에 결정적인 역할을 한다고 추정할 수 있다.

게다가 파킨슨병이 급속하게 진행되는 까닭이 미생물총 내에 비피더스균bifidobacteria, 클로스트리디아clostridia, 박테로이데스 프라질리스bacteroides fragilis 같은 다른 유형의 세균들이 감소했거나 아예 존재하지 않는 것과 연관 있다는 사실이 여러 연구 덕분에 밝혀졌다. 따라서 이 세균들의 수가 줄어들수록 파

왜 아무 이유 없이 우울할까?

킨슨병 증상은 심해진다. 이 세균들은 모든 사람에게서 같은 속도로 줄어들지는 않는다. 이 같은 사실은 개인에 따라 파킨슨병이 더 빠르거나 더 늦게 진행되는 이유에 대한 설명이 될 수 있을 것이다.

더욱이 파킨슨병 환자의 장내에는 다른 세균들이 더 많이 상존하고 있음을 볼 수 있다. 예를 들어 항염증 속성을 가진 세균인 로즈뷰리아^{roseburia}와 아커만시아^{akkermansia} 같은 세균들이 훨씬 더 많이 존재한다. (어떤 연구자들은 아커만시아를 프로바이오틱스 균주로도 활용하길 원한다. 그러나 이 균은 당뇨와 알코올 과잉섭취로부터 우리를 보호해주고 장수하게 해주는 '긍정적인 면'도 갖고 있지만, 신체에 해로운 영향을 끼치는 '부정적인 면'도 갖고 있다.) 또 다른 현상으로는 엔테로박터^{enterobacter}균의 개체수 증가를 들 수 있다. 이 세균이 많을수록 파킨슨병의 증상 중 하나인 근육강직은 더욱 심해지는데, 이 균이 원인으로 작용하는지 아니면 그 결과인지는 아직 밝혀지지 않았다.

더욱 일반적인 결과를 보면 대부분의 연구에서 장내 미생물총의 변화는 증상 전반의 심각도를 좌우했고, 장내 미생물 불균형이 심할수록 더 많은 증상이 나타났다.

앞서 살펴본 장내 미생물 불균형이 작동하는 메커니즘을 기억하는가? 어떤 메커니즘은 대부분의 다른 병에서도 균일하게 일어난다. 장내세균은 대사산물을 생산하고 단쇄지방산을 변경하며 장 투과성을 높여 독소들이 다른 신체 기관으로 빠져나가게 함으로써 우리의 건강에 영향을 준다. '뇌질환'을 유발하는 또 다른 메커니즘도 있다. 장벽 자체의 투과성이 더 높아지고 구멍이 더 많아져 장에서 훨씬 많은 독소 물질이 빠져나오기 때문에 뇌혈관의 투과성 역시 올라가 뇌는 혈액을 타고 돌아다니는 독소로부터 보호받지 못하는 것이다.

이제 우리가 알아야 할 것은 부작용 없이 환자들의 장내 미생물 불균형에 어떤 식으로 대응할 것인가 하는 문제다.

이와 관련한 임상시험이 중국에서 가장 먼저 이루어졌다. 간쑤성의 한 병원에 입원한 71세 노인은 7년가량 파킨슨병을 앓았는데, 특히 그는 어떤 치료로도 고치지 못한 고질적인 변비로 고생하고 있었다. 2017년, 후앙Huang 교수가 이끄는 연구팀은 이 환자에게 분변 미생물총을 이식했다. 공여자는 27세의 대학생이었고, 이식은 사흘에 걸쳐 이루어졌다. 일주일 후, 환자의 변비 증상이 완화되었을 뿐만 아니라 다리의 떨림도 줄어들었다. 두 달 뒤에 증상이 다시 나타나기는 했지만, 강도는 덜했고 특히 근육강직의 수치가 현저히 감소했다.

임상시험이 계속 진행되진 않았으나 이 연구 이후로 전 세계의 여러 연구소에서 분변 이식술을 다루기 시작했다. 그리

왜 아무 이유 없이 우울할까?

고 파킨슨병 증상이 나타나도록 유전자를 변형한 쥐들을 대상으로 많은 실험이 이루어졌다. 그중 한 실험은 '자연에서 유래한' 성분이지만 2011년에 유럽에서 금지하기까지 유기농법에서도 살충제로 사용했던 독성물질인 로테논을 쥐들에게 주입한 것이었다. 로테논은 농부들에게 파킨슨병을 유발한다고 의심받는 물질이었는데, 실제로 프랑스에서는 로테논 사용 이후 파킨슨병에 걸린 여러 사례를 직업병으로 인정한 바 있다.

로테논을 주입한 쥐들에게서도 인지장애, 운동과 학습 능력소실 등의 파킨슨병 증상이 나타났다. 게다가 파킨슨병과 관련 있는 알파시누클레인 단백질이 쥐들의 뇌에 축적되었다. 그런데 신기한 점은 장과 뇌를 연결하는 미주신경을 끊자, 로테논의 영향이 뇌에 미치지 않는 듯, 병의 진행 속도가 늦춰졌으며 어떤 개체들에서는 증상이 나타나지 않았다는 것이다.

과학자들이 그 이유를 알아내기도 전에 이 실험은 당시 확인 단계에서 중단되었다. 하지만 '로테논은 어떤 메커니즘으로 장과 뇌를 연결하는 신경 회로를 자극하는가?' '로테논이 신경 회로를 따라 이동하는 것인가? 그렇다면 어떤 방식으로 이동하는가?' '파킨슨병으로부터 보호하기 위해 미주신경을 끊지 않고도 사람에게 이 실험을 적용할 수 있는가?' 같은 본질적인 질문들에 답하기 위해 틀림없이 몇 년 안에 실험이 재개될 것이다.

사람에게 이 실험을 적용할 때 미주신경을 끊지 말아야 하는 이유는 쥐들의 소화 기능에 강력한 영향을 끼쳐 소화계에 매우 심각한 부작용이 나타났기 때문이다. 더군다나 파킨슨병에 이미 걸렸다면, 병은 뇌에서 이미 진행 중이므로 이러한 인위적 개입은 위험할뿐더러 소용없다고 봐야 한다.

대장균으로 알츠하이머를 고칠 수 있을까?

──────● 알츠하이머 역시 '비정상적인' 단백질의 축적
으로 생기는 질병이다. 그중에서도 아밀로이드 베타 단백질과
타우 단백질이 알츠하이머를 유발하는 발병기전으로 알려졌
다. 알츠하이머를 앓는 환자의 뇌에서는 아밀로이드 베타 단
백질의 축적으로 나타나는 플라크(신경반)와 타우 단백질의
비정상적인 증가로 형성된 신경섬유다발을 관찰할 수 있다.

미생물총과 알츠하이머의 연관성에 관한 최근의 연구들은
대장균에 초점을 맞추고 있다. 알츠하이머로 고통받는 사람
들의 장내 미생물총에서 대장균의 수가 급증해 있다는 사실
이 발견되면서 대장균이 알츠하이머의 발병을 일으키는 요인

일 수도 있기 때문이다.

실제로 알츠하이머 환자들의 미생물총을 분석하니 현저한 장내 미생물 불균형이 드러났다. 그중에서도 항염증성 세균인 박테로이데테스의 감소가 두드러졌다. 그 반면에 한센병이나 결핵 같은 중대한 질환의 인자인 방선균actinobacteria과 피르미쿠테스는 대폭 증가한 상태였다. 이와 같은 장내 미생물 불균형은 우울증 증상을 보이는 사람들에게서도 나타났다.

대장균은 앞서도 말한 것처럼 거식증 발현에 주요한 역할을 하는 세균이다. 위험한 세균으로만 여겨지는 대장균은 예상과 달리 우리 몸에서 다른 세균들을 보호하는 역할을 한다. 이를테면 다른 세균이 우리의 세포조직과 점막에 들러붙도록 도와주며, 세균들을 보호하는 생물막을 그 주위에 형성한다. 감염이 심해질수록 방광, 폐, 장 등 병이 재발하는 경우가 많은데, 그것은 감염을 일으키는 세균들이 대장균의 단백질 덕분에 항생제에 강력한 내성을 갖기 때문이다.

대장균의 단백질을 '아밀로이드amyloid'라고 부르는데, 알츠하이머에서 특징적으로 나타나는 비정상 단백질인 아밀로이드 베타와 매우 유사하다. 세균들을 보호하기 위해 대장균이 생성하는 아밀로이드 단백질 생물막은 알츠하이머에 걸린 사람들의 뇌에서 아밀로이드 베타 단백질이 형성하는 플라크와 비슷하다.

미생물총에서 대장균을 다량 보유한 쥐들의 경우, 뇌의 미주신경 시작 지점에서 생물막의 축적이 관찰된다. 이러한 사실은 파킨슨병과 마찬가지로 아밀로이드 단백질의 일부라도 소화관을 통해 신경 회로로 전달될 가능성이 무척 크다는 점을 시사한다.

대장균의 단백질이 다른 단백질을 감염시키는 프라이온처럼 작용하며, 연쇄적인 반응을 거쳐 우리의 고유한 단백질 구성을 변경한다는 가설은 매우 타당해 보인다. 현재 이 가설에 관한 연구들이 진행 중이므로 가까운 미래에는 답을 알 수 있을 것이다.

세균은 내 편일까, 아니면 적일까?

─────● 거듭 이야기하지만, 의료계에서는 장기간의 항생제 복용을 경계한다. 항생제가 우리 몸에 있는 병원균뿐만 아니라 유익균도 함께 없애버리기 때문이다. 또 항생제를 자주 쓸수록 우리 몸속에는 항생제에 내성이 생기는 세균만이 살아남는다. 게다가 때로는 이 돌연변이 세균들이 유익균들을 공격한다. 그러니 아주 특별한 경우에만 항생제를 써야 한다.

초기에 했던 쥐 실험들은 알츠하이머와 파킨슨병 같은 신경 퇴행성 질환을 겪는 사람들에게 항생제 치료가 과연 적합한가 하는 질문에서부터 비롯되었다.

중국 상하이대학교의 신이 왕Xinyi Wang 교수가 이끄는 연구

왜 아무 이유 없이 우울할까?

팀은 두 달 동안 알츠하이머에 걸린 쥐들에게 혼합 항생제를 처치했고, 실제로 뇌에서 염증이 줄어든다는 사실을 발견했다. 이어서 연구팀은 쥐들에게 특정한 올리고당 혼합액이 주로 함유된 프리바이오틱스를 주입했는데, 쥐의 뇌에 쌓인 아밀로이드 플라크가 서서히 제거되기 시작했다. 더구나 이 치료법은 두 개의 아미노산인 페닐알라닌(알츠하이머가 있을 때 증가하는 아미노산)과 이소류신 비율을 정상 범위로 되돌려놓았다. 그러나 이 타입의 프리바이오틱스가 인간에게 미치는 영향에 관한 연구는 현재 진행 중이기 때문에 상용화까지는 좀 더 기다려야 한다.

이번에는 캘리포니아공과대학교에서 이루어진 또 다른 실험을 살펴보자. 매즈매니언 연구팀은 유전자조작으로 파킨슨병에 걸리게 한 쥐들을 두 그룹으로 나누어 비교했다. 첫 번째 그룹은 '무균', 즉 미생물총이 없는 쥐들로 구성했고, 두 번째 그룹은 정상적인 미생물총을 보유한 쥐들로 꾸렸다. 관찰 결과, 첫 번째 그룹의 쥐들에게서는 병이 거의 진행되지 않았으나 두 번째 그룹의 쥐들에게서는 파킨슨병 증상이 나타났다.

다만 첫 번째 그룹의 무균 쥐들에게 장내세균 효과를 본뜬 대사산물을 주둥이를 통해 주입하자 그들에게서도 파킨슨병 증상이 보이기 시작했다. 파킨슨병에 걸린 사람들의 분변을 이식했을 때도 같은 결과가 나왔다. 반대로 실험 쥐들에게 건강한 사람의 미생물총을 이식하자 파킨슨병 증상이 완화되었다.

현재 항생제로 사람의 알츠하이머와 파킨슨병을 치료하려는 시도가 진행 중이다. 이에 관한 연구는 처방해야 할 항생제의 종류를 결정하는 것과 장래에 건강한 미생물총을 재구성하는 가능성에 초점을 맞추고 있다. 분변 이식도 고려할 수 있지만 어떤 주기로 반복해야 하는지, 어떤 유형의 기증자로부터 분변을 기증받을 것인지 등을 결정해야 하는 문제가 남아있다.

다시 한번 말하지만 미생물총이 알츠하이머와 파킨슨병을 일으키는 유일한 요소가 아님을 유념해야 한다. 미생물총은 변경 가능하고, 우리가 미생물총에 관해 조치를 취할 수 있다는 점에서 다른 요인들보다 더욱 흥미를 끌기는 하지만 여러 요인 중 하나일 뿐이다. 이 두 질병은 숙주(우리)와 우리의 유전자, 우리의 미생물총, 우리 세균들의 유전자 그리고 우리가 처한 환경 모두가 서로 작용해 나온 결과이다.

왜 아무 이유 없이 우울할까?

노화의 종말은
가능한 일일까?

우리 몸속의 미생물총과 이를 구성하는 세균들에 대해 모든 것을 알아내는 것은 여전히 쉽지 않은 일이다. 장수와 연관 있는 장내세균의 존재 여부를 알아내기 위해 시동을 건 연구들이 있지만, 여전히 한쪽 발은 현실 세계에 둔 채 미지의 세계에 한쪽 발만을 담그고 있을 뿐이다.

미생물총은 우리가 70세에서 75세 때까지는 어느 정도 안정성을 유지하다가 그 이후부터는 균형이 무너지기 시작한다. 다양성도 줄어들고, 항염증 세균인 비피더스균의 비율도 감소한다. 그 반면에 염증을 일으키는 세균들의 수는 증가한다. 아마도 이러한 변화는 식단이 바뀌면서 생기는 현상일 것이다.

나이가 들수록 우리는 덜 씹고, 덜 먹으며, 덜 마시기 때문이다.

살아 있는 모든 존재는 노화라는 자연스러운 과정을 겪는다. 나이가 듦에 따라 염증이 진행되면 장 투과성과 산화스트레스가 높아져 스스로를 파괴하게 되는데, 이 때문에 노화를 '염증 노화inflammaging'라 부르기도 한다. 이 말은 영어의 '염증inflammation'과 '노화aging'를 붙인 합성어다.

그런데 100세 이상 노인들과 105세 이상의 초고령 노인들의 장내 미생물총에는 특별한 세균들이 존재한다는 사실이 밝혀졌다. 그중에는 염증을 완화하는 속성을 지녔다고만 알려진 유박테륨 리모숨eubacterium limosum종에 속하는 세균이 있다. 또 아커만시아 뮤시니필라akkermansia muciniphila 같은 세균도 발견되었는데, 이 세균은 산화스트레스를 제한하는 자연적인 산화 억제제로 작용하고 노화를 늦추며, 우리의 DNA가 허락한 인간 수명의 한계에 닿을 수 있도록 해주는 것처럼 보인다.

이 세균들의 존재 여부가 장수의 비결인지, 아니면 장수의 산물인지를 알고자 하는 궁금증은 지금도 해소되지 않았기에 앞으로 과학자들이 탐구해야 할 거대한 장으로 남아 있다. 나는 이 세균들이 장수의 이유라고 추정한다. 초고령이 된 후에 세균들이 장내에 정착한 것이 아니라 그들 덕에 장수가 가능해졌다고 말이다.

독일 막스플랑크연구소^{MPI, Max Planck Institute}와 짐바브웨 척추동물생물학연구소의 과학자들이 주도한 실험도 나와 같은 생각에서 출발한 것이었다. 이들의 실험은 노토브란키우스^{nothobranchius}라는 학명의 물고기 아프리카 터콰이즈 킬리피시^{african turquoise killifish}를 대상으로 이루어졌다. 과학자들이 이 물고기에 주목한 까닭은 킬리피시의 짧은 수명에 있다. 킬리피시의 수명은 평균 3개월밖에 안 되는데, 일반적으로 수명 연장과 관련해 동물실험을 진행하려면 최소 몇 년이 걸리는 반면에 킬리피시는 단 몇 개월이면 충분하기 때문이다. 어린 킬리피시의 미생물총을 나이 든 킬리피시에게 이식하자 그것을 받은 개체의 수명이 20퍼센트 정도 늘어났다. 현재로서는 이 결과를 킬리피시보다 훨씬 복잡한 구조를 지닌 인간에게도 적용하는 것이 가능한지는 알지 못한다. 그러나 향후 몇 년 안에 활용될 일임은 분명하다.

11장

세균만 다스려도 기분은 저절로 좋아진다

세균은 우리 몸속에서
어떻게 이동할까?

앞에서 인용한 연구와 관찰 들은 철저한 과학적 방법으로 이루어졌기에 그 결과들을 의심할 여지가 거의 없다. 오히려 이 연구와 관찰 들을 통해 장내 미생물이 소화기관뿐만 아니라 우리의 머리와 신경계에까지 영향을 끼친다는 증거들을 확보할 수 있었다.

가장 분명한 성과는 포만감에 관한 것이다. 우리가 좋은 미생물총을 가지고 있을 때, 세균들은 우리의 영양 상태를 뇌에 전달함으로써 우리가 배가 고픈지 혹은 배가 부른지를 뇌가 알 수 있도록 해준다. 반대로 정크푸드나 위생 상태의 적신호 때문에 미생물총이 유해균들로 가득하면 유익균들은 힘을 잃게 되어 더는 정보를 뇌에 전달할 수 없으므로 뇌는 우리 배 속에서 무슨 일이 벌어지는지 알 수 없게 된다. 즉 장내 미생물과 뇌의 소통 단절로 우리는 끊임없이 먹어대는 것이다.

게다가 폭식증, 자폐스펙트럼장애, 우울증, 과민증, 중독 같은 여러 증상도 장내 미생물 불균형과 관련 있다. 알코올을 한 번도 섭취하지 않았던 쥐들에게 알코올의존자의 미생물총을 이식했을 때, 이 쥐들이 알코올의존자처럼 불안해하며 우울해하는 행동을 보인다는 사실은 앞에서 이미 살펴본 바 있다. 과민증이나 자폐증, 파킨슨병이나 우울증에 걸린 사람들의 분변을 이식했을 때도 같은 현상이 나타났다.

여러 장내 미생물 불균형에서 같은 유해균들이 발견되기도 했다. 그래서 과학자들은 정신적인 증상을 조장하는 균들이 정확하게 어떤 것인지 체계적으로 분류하는 연구에 착수했다. 연구 결과에 따르면 세균은 유전자처럼 각자 독립적으로 작용하지 않으며 지속적인 상호작용을 통해 우리 몸이 생산하는 분자들, 다른 세균과 함께 움직인다. 달리 말해 세균은 우리 안에서 그리고 우리와 함께 상호작용하는 한 몸인 것이다.

많은 연구의 목적은 당연히 향후 몇 년 내에 예방 가능한 치료법을 개발하는 데 있다. 과학자들이 의학의 모든 연금술 요소를 찾아낸다면 미생물총을 분석하는 것만으로도 증상이 나타나기 전에 미리 알아차릴 수 있을 것이고 개인, 가족 그리고 사회가 떠안아야 했던 질병의 고통으로부터 모두를 자유롭게 해줄 것이다.

해석하는 데 긴 시간이 필요한 세균 집단은 차치하더라도, 연구는 세균의 행동 양상을 파악하는 데에 중점을 두고 이루어지고 있다. 세균은 우리의 장 밖으로 나오지 않으면서도 신체 기능과 기분 상태를 좌우할 정도로 멀리 떨어져 있는 뇌에 영향을 미친다. 어떻게 그럴 수 있는 것일까? 뇌와 상호작용하기 위해 세균이 작동하는 메커니즘은 무엇이며, 어떤 경로를 통해서 이런 일을 하는 것일까?

아쉽게도 우리는 이제 막 일부 세균들을 이해하기 시작했을 뿐 여전히 이 세균들의 기능 전부를 파악하지는 못했다. 우리가 알고 있는 사실은 중증 증상이 아닌 이상에 세균은 장내에 갇혀 있지만 이들이 분비하는 대사산물, 세균의 DNA 조각, 소화관 세포가 세균의 영향을 받아 생산하는 호르몬들이 몸속을 돌아다닌다는 것이다. 세균은 여러 방법을 통해 우리 몸 곳곳으로 퍼져나간다.

순환하는 혈액이 통로 역할을 한다는 것은 분명한 사실이다. 세균의 부산물은 소화관과 간을 연결하는 간문맥을 지나 혈액을 타고 돌아다닌다. 놀라운 필터와도 같은 간은 이 물질들을 받아들여 어떤 것들은 변화시키고 또 어떤 것은 제거한다. 그리고 남은 것은 몸에 영양분을 주기 위해 혈액으로 내보낸다. 그러나 달갑지 않은 염증성 세균들의 대사산물도 간이라는 필터를 넘어갈 수 있고, 뇌를 포함한 신체 전반에 가닿을 수 있다.

또 장내 세포 중에는 식욕 조절 호르몬을 생산해 뇌에 작용하도록 하는 세포들이 있는데, 어떤 세균들은 이 세포들을 바꿀 수 있으며, 장 투과성을 높여 온몸으로 염증 인자를 보낼 수도 있다.

신경전달물질이 이용하는 또 다른 경로는 신경 회로다. 장 내벽을 둘러싼 수백만 개의 뉴런 그리고 복부와 뇌를 연결하는 미주신경이 바로 신경전달물질의 경로가 된다. 따라서 우리는 장내 미생물총의 영향을 받아 소화 세포가 생산하는 포만 호르몬 펩티드 YY가 뇌에 식욕을 알리고 조절하기 위해 미주신경의 활동을 직접 조정한다는 사실을 알 수 있다.

신경 회로의 경로는 무척 다양하다. 나는 그중에서도 우리가 가장 잘 아는 것들을 위주로 설명할 생각이다.

불안과 우울을 잠재우고
싶다면 가바를 깨워라

감마아미노뷰티르산γ-aminobutyric acid의 약자인 가바는 신경전달억제물질을 일컫는다. 다시 말해 신경세포들이 서로 소통할 수 있게 해주는 화합물이 가바인 것이다. 가바는 글루탐산으로부터 합성되며 억제성 신경세포의 시냅스전presynapse에서 방출되어 시냅스후 뉴런postsynaptic neuron의 표면에 자리한 가바 수용체와 결합한다.

가바는 글루탐산에 의해 우리 몸에서 일부분 생산되기도 하며 식품으로도 섭취할 수 있다. 특히 아몬드, 호박씨, 오렌지, 렌틸콩에 풍부히 들어 있다. 이 식품들보다는 적은 양이지만 토마토, 완두콩, 콩으로 만든 소스, 에멘탈치즈에도 가바가 함유되어 있다.

가바를 신경조절물질이라고도 부르는데, 그 이유는 신경세포의 활동을 변경할 수 있는 물질이기 때문이다. 신경조절물질 대부분은 신경세포를 자극한다. 이와 달리 가바는 30~40퍼센트의 시냅스 활동에 개입해 신경세포가 흥분하는 것을 억눌러 잠잠하게 만들고 평온한 상태로 이끈다.

그렇다면 가바가 부족해지면 우리 몸은 어떻게 될까? 스트레스, 불안, 우울, 심지어 의존증까지 다양한 심리 상태를 조절하는 것이 불가능해진다. 따라서 체내에서 가바가 잘 합성되고 시냅스에서 가바가 잘 수용되면 이런 증상들을 완화할 수 있다. 이렇게 수용된 가바는 정서적인 부담을 줄이면서 뇌의 반응을 바꾸어놓는다.

경련을 일으키고 의식장애를 유발해 발작 증상이 되풀이해 나타나는 뇌전증 역시 가바 생성에 문제가 생겼을 때 발생한다. 그래서 이 치료에 사용하는 특정 약제들은 가바 생산을 촉진시켜 시냅스 내에서 생성되어 극심한 근육 수축과 경련, 신체와 정신의 흥분, 극도의 예민함과 분노를 유발하는 과잉 에너지를 누그러뜨린다.

이 밖에도 알코올과 설탕이 가바를 활성화해 신경세포를 억제하며, 섭취하는 동안 불안감을 줄여준다고 알려졌다. 그

왜 아무 이유 없이 우울할까?

래서 중독치료는 가바의 이런 효과를 모방해 진행한다.

최근 들어 우리의 장내 미생물총을 이루는 세균들 가운데 가바를 '생산'하는 균들의 정체가 속속 밝혀지고 있다. 이 균들이 가바를 생산한다는 것은 배양을 통해 확인되었는데, 락토바실루스속에 속한 락토바실루스 람노서스lactobacillus rhamnosus균이 이에 해당한다. 이 세균은 발효 우유와 앞에서 살펴본 글루탐산이 풍부한 식품에 들어 있다.

이러한 사실을 규명하려는 정교한 작업이 토론토대학교University of Toronto의 래펄 자니크Rafal Janik 연구팀과 폴란드 루블린의과대학교Medical University of Lublin의 협력하에 이루어졌다. 이들은 4주 동안 매일 건강한 숫쥐들에게 프로바이오틱스 형태의 락토바실루스 람노서스를 급여했다. 행동 테스트 결과에 따르면 이 쥐들은 프로바이오틱스를 섭취하지 않은 대조군에 비해 불안감이 완연히 줄어든 것으로 나타났다. 더 놀라운 사실은 프로바이오틱스 공급을 중단한 지 4주가 지났는데도 실험군 쥐들의 뇌 속에 많은 양의 가바가 여전히 남아 있었다는 점이다. 이는 특정 대사회로가 이 세균들에 의해 바뀌었다는 사실을 알려준다. 하지만 프로바이오틱스가 도달한 장과, 뉴런이 어떻게 연결이 되었는지는 아직 구체적으로 밝혀지지 않았다.

그러다가 아일랜드 코크대학교의 자비에 브라보[Javier Bravo]가 이끄는 연구팀이 신경 회로에서 이에 대한 흥미로운 실마리를 찾아냈다. 연구팀은 상당한 양의 락토바실루스 람노서스를 프로바이오틱스 형태로 쥐들에게 공급한 뒤 일부 쥐들을 대상으로 장과 뇌를 연결하는 미주신경을 잘라내는 외과수술을 진행했다. 수술을 받지 않은 쥐들에게 행동 테스트를 실시한 결과 불안감이 확연히 줄어든 것이 확인되었다. 불안감의 정도를 측정하는 혈액 속 코르티솔 호르몬 비율도 감소한 것으로 드러났다.

그 반면에 미주신경 절단 수술을 받은 쥐들은 락토바실루스 람노서스를 매일 섭취했음에도 불구하고 불안감을 드러냈다. 뇌에 있는 가바 수용체가 전혀 반응하지 않았기 때문이다. 뇌가 장벽 내에 자리한 수백만 개의 신경세포들과 연결되어 있음에도 장과 완전히 단절되었던 것이다. 마치 장과 뇌를 잇는 기본적인 연결이 모두 끊어진 것처럼 말이다.

과학으로 밝혀낸 사실은 여기까지다. 여전히 우리는 세균이 뇌의 신경세포를 조절하기 위해 어떤 식으로 미주신경에 작용하며, 가바 수용체를 깨우기 위해 구체적으로 어떻게 활동하는지에 대한 정확한 메커니즘을 알지 못한다. 수많은 잔가지가 사방으로 뻗어 있어서 정확하게 파악하기 어려워 미

왜 아무 이유 없이 우울할까?

주신경迷走神經이란 명칭이 붙은 것처럼, 실타래보다 더 복잡하게 얽혀 있는 미주신경의 역할이 매우 복합적이므로 이를 이해하는 데도 많은 어려움이 뒤따르고 있다.

스트레스 메커니즘의
중추, HPA축

시상하부는 뇌에 자리한 아주 작은 내분비샘으로, 여러 요소를 포함하는 축의 꼭대기에 있다. 이곳에서 생산하는 화합물들 덕에 시상하부는 터키안$^{sella\ turcica}$*에 있는 다른 내분비샘인 뇌하수체에 가장 먼저 작용한다. 뇌하수체 역시 부신과 같은 다른 내분비샘과 소통하기 위해 여러 가지 호르몬을 생산한다.

HPA축**(다른 축들도 존재한다)은 매우 중요한데, 그 이유는

* —— 머리뼈안 바닥에서 나비뼈 몸통 윗면에 말안장처럼 돌출한 부분을 말한다.
** —— 우리가 스트레스를 받으면 스트레스호르몬을 분비해 그에 대응할 수 있게 하는 내분비계를 가리킨다. 시상하부^{Hypothalamic}와 뇌하수체^{Pituitary}, 부신피질^{Adrenal}의 머리글자를 따서 HPA축이라고 부른다.

왜 아무 이유 없이 우울할까?

코르티솔 호르몬을 생산해 스트레스를 조절하기 때문이다. 코르티솔은 부신이 다른 내분비샘들의 영향을 받아 순환 방식으로 생산하는 호르몬이다. 스트레스를 받으면 코르티솔 생산량이 증가한다. 코르티솔은 아침에 제일 많이 분비되며, 오후부터는 분비량이 줄어들어 저녁엔 코르티솔이 거의 분비되지 않는다.

이 축은 불안감 외에도 소화, 면역(과잉생산된 코르티솔을 감소시키는 역할), 에너지 저장 및 소비 등과 같은 다른 과정도 담당한다.

그런데 어떤 세균들의 경우에는 HPA축을 조정할 수 있다는 것이 밝혀졌다. 앞서 살펴본 바와 같이 락토바실루스 람노서스가 여기에 관여하며, 그 외 다른 유형의 세균들, 특히 락토바실루스속에 속한 세균들의 작용으로 코르티솔 호르몬 분비가 줄어든다는 것이다. 더군다나 초기 연구들은 세균 활동이 장벽의 침투성을 낮춰서 신체 염증에 원인이 되는 세균 부산물들이 장벽으로 통과하는 것을 막아준다는 사실을 뒷받침해주었다.

감정을 좌지우지하는 비밀 병기, 트립토판

──● 몸속 미생물총의 구성에 따라 우리 몸의 물질 대사와 특정한 아미노산의 가용도가 달라진다. 음식을 통해 단백질을 섭취하면 단백질은 아미노산으로 분해되고, 이 아미노산이 다시 결합하면 새로운 단백질이 된다.

아미노산 중에서 우리 신체에 꼭 필요한 필수아미노산은 체내에서 합성되지 않거나 합성이 어려우므로 음식물 혹은 장내세균을 통해 공급받아야 한다. 필수아미노산의 종류는 종이나 성장 시기에 따라 다르며, 장내 미생물의 종류에 따라 반드시 섭취해야 할 필수아미노산의 종류 또한 달라진다. 여러 필수아미노산 중에서 트립토판을 예로 들어보자.

세균은 트립토판을 이용해 다양한 대사산물을 생성하며, 면역세포와 신경세포는 이렇게 만들어진 대사산물을 통해 수용체를 활성화하거나 억제하는 신경전달물질을 생산한다. 트립토판은 수면 호르몬인 멜라토닌과 장에서 95퍼센트가 합성되는 행복 호르몬 세로토닌의 전구체다.

　트립토판은 대부분 음식을 통해 섭취할 수 있다. 우유를 마시거나, 연어나 참치 같은 기름진 생선, 계란, 가금류, 콩과 식물, 브로콜리, 초콜릿, 아몬드, 바나나, 치즈 등을 먹으면 된다. 음식으로부터 공급받은 트립토판은 숙주인 우리 몸 혹은 우리 몸속 세균에 의해 대사가 일어난다는 특징이 있다. 장내세균의 기능에 따라 근본적으로 다른 세 가지 경로를 통해 대사하게 된다는 점 역시 특이하다.

　먼저 첫 번째는 세로토닌 경로다. 신경전달물질인 세로토닌은 시냅스에서 분비되며 신경세포들 간의 소통을 가능하게 한다. 행복의 신경전달물질로 알려진 세로토닌은 우울증으로부터 우리를 지켜준다. 그래서 항우울제 대부분은 세로토닌이 파괴되는 것을 억제하고, 세로토닌의 활성을 높이는 작용 기전을 따른다.

　세로토닌의 90퍼센트가 소화기관에서 생성되는데, 이때 세균이 세로토닌 생성에 관여한다. 나머지 10퍼센트는 뇌에서 만들어진다. 소화관에서 합성된 세로토닌은 소화계와 뇌를 연결하는 미주신경에서 시작해 신경계를 거쳐 뇌를 조절한다. 세로토닌은 신경전달물질의 역할을 하며 특정 시냅스에서 분비되어 그곳에서 스트레스, 불안, 기분을 조절하는 신경세포 수용체와 결합한다. 항우울제의 효과 중 하나는 신경세포 전달 과정에서 세로토닌의 농도를 올리거나 농도가 현저히 떨어지지 않도록 제어하는 것이다.

두 번째 경로는 면역세포에 존재하는 아릴 탄화수소 수용체[AHR, Aryl Hydrocarbon Receptor](항염증 작용을 한다)와 장벽 세포(트립토판이 장벽 투과성을 개선한다)를 통해서 이루어진다. 이 경로는 세균이 트립토판을 이용해 생산하는 대사산물에 의해 활성화된다.

세 번째 경로는 장내 미생물 불균형 때문에 인해 세균들이 트립토판을 대사산물로 더는 바꾸지 못하고 비정상적으로 활동할 때 활성화된다. 우리 몸은 트립토판을 계속해서 '소화'하지만 제대로 소화하는 것이 아니어서 키뉴레닌* 형태의 대사산물을 생성해 자폐증, 우울증, 조현병, 알츠하이머, 다발성경화증 같은 많은 행동장애와 신경장애, 혹은 비만을 유발하

---

*──— 트립토판의 중간대사산물이며, 물에 잘 녹지 않는다.

　　　　　　　　　왜 아무 이유 없이 우울할까?

기도 한다.

여러 연구 덕분에 트립토판의 대사 과정이 미생물총의 질에 달렸음이 확실해졌다. 만일 우리 몸속에 유익균들이 없으면 물질대사가 원활하게 이루어지지 않을뿐더러 위험으로부터 우리 몸을 지켜주는 화합물의 생성 또한 어려워진다.

그래서 나는 환자들에게 미생물총에 의존하는 아릴 탄화수소 수용체 경로를 잘 개척할 수 있는 방법을 권한다. 트립토판이 풍부한 음식을 먹으라고 조언하며, 동시에 트립토판 대사에 적합한 항염증 세균을 늘릴 수 있도록 프로바이오틱스를 처방해준다.

그러나 우리가 허기를 느끼는 이유에 대해서는 지금까지 밝혀지지 않았다. 우리는 배고픔을 알리는 임무를 가장 잘 수행할 세균 화합물이 무엇인지 알지 못하며, 더군다나 우리의 미생물총을 세로토닌이라는 바람직한 형태로 되돌릴 방법이 무엇인지도 전혀 모른다. 아마도 발병을 예방할 수 있게 되고, 개인별 맞춤 진료가 가능해질 혁명적인 미래 의학이 이 이야기의 다음 페이지를 써 내려갈 것이다.

우리 몸을 지키는 단쇄지방산

──────● 미생물총이 만들어내는 대사산물 중에서도 과학자들이 특히 주목하는 것이 바로 단쇄지방산이다. 여기서 잠시, 지방산에 대해 짚고 넘어가자.

지방산은 포화지방산과 불포화지방산으로 나눌 수 있다. 그중 포화지방산은 결합 탄소의 길이에 따라 단쇄지방산, 중쇄지방산, 장쇄지방산으로 나뉜다. 그리고 단쇄지방산에는 아세트산acetate, 프로피온산propionic acid, 부틸산butyrate, 이렇게 세 종류가 있다. 다른 대사산물처럼, 단쇄지방산의 생산도 세균의 질이 좌우한다. 따라서 세균의 먹이가 되는 우리 식단의 질이 무엇보다 중요하다.

단쇄지방산 대부분은 대장에서 만들어지며, 대장 세포의 에너지원으로 쓰인다. 최근에는 단쇄지방산이 다른 역할도 한다는 사실이 밝혀졌는데, 바로 장벽을 강화해 독소와 해로운 입자들로부터 몸 전체를 보호한다는 것이다.

대장에서 사용하고 남은 소량의 단쇄지방산은 혈류를 타고 뇌에 도달한다. 뇌에 도착한 단쇄지방산은 염증 과정을 조절하고 정신질환의 원인이 되는 유전자의 발현을 억제하거나 활성화한다.

아일랜드 코크대학교의 아우렐리우스 버로카스 연구팀은 건강한 상태의 쥐들에게 프로바이오틱스 제제를 공급한 후, 쥐들의 미생물총이 단쇄지방산을 생성하는지 관찰했다. 실제로 단쇄지방산이 증가했고, 뇌 속 특정 유전자 발현에 변화가 있었다. 실험군의 쥐들은 계속해서 건강한 상태를 유지했다. 쥐들의 미생물총을 살펴보니 항염증 세균과 박테로이데스 비율이 늘어난 반면에 비피더스균 비율은 줄어든 것으로 나타났다. 오픈 필드 테스트에서 '정상' 쥐들이 중심부에 머문 시간이 평균 85초였던 것에 비해, 이들 쥐는 120초나 머무는 기록을 세웠다.

단쇄지방산의 효능을 규명하려는 노력이 학계에서 이어졌는데, 매사추세츠대학교의 프레데릭 슈로더[Frederik Schroeder] 교수와 카람 아크바리안^{Charam Akbarian} 연구팀이 진행한 실험도 그중 하나였다. 이들은 쥐들을 우울증에 걸리게 한 다음, 쥐들에게 고용량의 부틸산을 넣은 항우울제를 4주간 투여했다. 예상대로 부틸산은 의심의 여지가 전혀 없을 정도로 항우울제 효과를 뚜렷하게 끌어올렸다.

이 지점이 바로 과학 지식의 정점이라 할 수 있다. 이론대로 프락토올리고당과 갈락토올리고당 같은 적합한 프리바이오틱스를 섭취해 우리 체내에서 부틸산 생성을 높이기만 하면 우울증을 고칠 수도 있기 때문이다.

반대로 생각해도 마찬가지다. 쥐 실험 사례에서 알 수 있듯이, 지방과 당이 많이 함유된 음식을 계속 섭취해 미생물총이 바뀌면 다른 것을 다 떠나서 최소한 우울증이 찾아올 수 있다는 것이다.

왜 아무 이유 없이 우울할까?

12장

보이지 않는
침입자들로부터
나를 지키는 방법

엄마의 스트레스,
태아도 느낀다

──────● 　최근까지 상식으로 받아들여졌던 의학이론은,
아이는 태어날 때 무균상태이며 미생물총이 없다는 것이었
다. 그러나 이 이론은 명백히 틀렸다. 아이가 무균상태로 태어
난다고 할지라도 엄마 배 속에 있는 9개월 동안은 엄마의 미
생물총과 접촉할 수밖에 없으며, 엄마가 먹는 것, 엄마의 면역
력에 영향을 받기 때문이다. 게다가 비록 아이 자신의 고유한
미생물총은 아니지만, 과학자들은 태반의 미생물총 존재를
매우 가능성 있게 보고 있다.

　여성의 미생물총은 임신 기간에 변화하는데, 이는 배 속의
아이라는, 절반은 낯선 몸의 존재를 견디기 위해서다. 장내 미

생물과 관련해 가장 뚜렷한 변화는 임신 중기가 지났을 때부터 찾아온다. 미생물총은 같은 양의 음식으로 엄마와 태아에게 필요한 영양분을 공급하기 위해 몸속으로 들어온 음식에서 평소보다 더 많은 에너지를 뽑아낸다. 매우 특이한 미생물총의 이러한 특성은 임신성 당뇨를 유발할 수 있어서 의사들은 이 증상을 면밀하게 관찰한다.

쥐들을 대상으로 한 실험에서도 임신하지 않은 쥐들에게 임신한 쥐의 미생물총을 이식하자 쥐들은 다른 대사를 보였다. 식단을 전혀 바꾸지 않았음에도 체중이 증가했으며, 당뇨에 걸릴 확률이 매우 높아졌다. 그러나 세균이 새로 형성됨으로써 새끼는 엄마 배 속에서 계속 커나갈 수 있게 된다.

이러한 실험 결과만 고려하면 임신부는 태아를 위해 그리고 장내 미생물을 위해 건강하고 좋은 음식만 먹으면 그만이라고 생각하기 쉽다. 하지만 아이의 미래 미생물총에 대한 엄마의 영향은 장내 미생물을 잘 먹이기 위해 섭취하는 음식에 주의를 기울이는 것으로만 그치지 않는다. 감정이나 기분도 태아의 미생물총에 직접적인 영향을 끼칠 가능성이 높다.

이러한 생각은 쥐들을 대상으로 한 실험을 통해 알게 된 것으로, 2019년 보르도의 국립농학연구소[INRA, Institut National de la Recherche Agronomique]에서 뮈리엘 다르노데리[Muriel Darnaudéry]가 이끄는 팀이 놀라운 연구를 진행한 바 있다. 먼저 임신한 쥐들을 인위적으로 스트레스받게 했는데, 대장균과 같은 특정한 세균들을 주입하는 것만으로도 가능했다. 실험군의 쥐들은 높은 불안감을 보였으며 사회성이 떨어졌다. 연구팀은 스트레스를 받은 어미 쥐에게서 태어난 새끼 쥐의 미생물총과 같은 환경이지만 스트레스를 받지 않은 어미에게서 태어난 새끼 쥐를 비교, 분석했다. 놀랍게도 스트레스를 받은 어미에게서 태어난 새끼 쥐들, 특히 수컷인 새끼 쥐들에게서 다른 세균들이 발견되었으며 미생물 군집에서 뚜렷한 불균형도 나타났다. 이러한 장내 미생물 불균형은 발달이 늦어지는 행동장애와 연결 지을 수 있다.

그러나 과학은 여전히 이 현상의 메커니즘을 설명하지 못하고 있다. 이번에도 사실 확인에 그쳤을 뿐이다. 따라서 앞으로 이 현상의 원인을 규명하고, 왜 새끼 숫쥐들만이 어미의 스트레스에 반응하는지 그리고 어미의 스트레스와 배 속의 태아가 가지게 될 미생물총 사이의 관계가 무엇인지를 밝히기 위한 연구를 이어나가야 한다. 그러다 보면 언젠가는 이 결과들을 어떤 식으로 인간에게 적용할 수 있는지, 이와 같은 상황에서 어떤 해결책을 내놓을 수 있는지도 틀림없이 찾아낼 수 있을 것이다.

아이의 면역력을 높이는 '세균 샤워'

━━━● 우리가 생각하는 것 이상으로 미생물총과 관련한 많은 것들이 출산 순간에 결정된다.

먼저 어류, 파충류, 조류, 난생동물은 배설강인 항문을 통해 알을 낳는다. 즉 이들은 소화관을 통해 알을 낳는다. 따라서 알은 어미의 장내 미생물과 직접 접촉할 수밖에 없으므로 어미의 장내에 있던 세균들이 알에 전달된다.

인간을 포함한 포유류는 질을 통해 새끼를 낳는다. 자궁에 있던 태아는 출산 과정에서 산도를 타고 내려오면서 가장 먼저 모체에 있던 세균을 만나게 된다. 이렇게 엄마 질에 있던 세균과 접촉한 태아는 자신의 첫 미생물총을 만들어나간다.

이처럼 엄마의 질을 통과한 태아가 엄마의 세균을 흠뻑 뒤집어쓰는 것을 '세균 샤워'라고 부른다.

그리고 태아의 몸속으로 들어온 세균들이 자리를 잡고 증식하기 시작하면서 점점 더 많은 세균이 생겨난다. 다시 말해 첫 세균이 앞으로 발전할 장내세균 생태계의 토대를 마련하는 것이다. 그러므로 출산 순간에 엄마는 가능한 한 가장 '정상적인' 미생물총을 가지고 있는 것이 무엇보다 중요하다. 비록 정상적인 미생물총이 정확하게 무엇을 의미하는지 여전히 규명하지는 못했다 하더라도.

그러니 앞서 말한 것처럼 임신한 여성은 먹는 음식을 신경 써야 한다. 특히 장내세균들의 먹이가 될 수 있는 채소나 과일 같은 식이섬유가 풍부한 음식과 더불어, 유익균을 늘리기 위해 요구르트나 치즈 같은 프로바이오틱스 식품을 섭취하는 것이 가장 좋다.

그리고 임신 기간 중에 약을 복용해야 할 때도 조심해야 한다. 특히 미생물총의 적인 항생제는 미생물의 구성 자체를 바꾸어놓기 때문에 주의해야 한다. 이름 그대로 항생제는 해롭고 위험한 유해균들의 성장을 막거나, 이들을 사멸시키는 것이 목적이기 때문이다. 그런데 문제는 우리가 의도하지 않았음에도 항생제가 장내에 사는 유익균들까지도 죽인다는 점이다.

매년 수천만 명, 나아가 수억 명의 사람과 동물의 생명을 구하는 항생제의 유용성에 의문을 제기하려는 것이 아니다. 항생제를 개발한 덕분에 인류는 유해균과의 전쟁에서 승리할 수 있었으니까. 단지 최초의 장내 미생물이 형성되는 출산 시기를 생각했을 때 산모가 다른 약과 마찬가지로 항생제 복용을 최대한 피해야 한다는 것을 말하고 싶을 뿐이다.

그렇다고 해서 무조건 항생제를 먹지 말라는 것이 아니다. 위급한 상황에서는 환자 자신의 안녕을 최우선으로 두고 가장 적절한 치료 방법을 선택해야 한다. 이를테면 출산 시에 2000분의 1 확률로 신생아를 감염시킬 위험이 있는 B군 연쇄상구균을 보유한 여성 20퍼센트는 항생제를 먹어야 한다. 그러나 임신 기간 중 적어도 한 번이라도 항생제 처방을 받은 미국인 50퍼센트에게 이 치료법이 유용하다고 단언할 수는 없다. 더군다나 미국에서는 유럽과 달리 성장을 촉진한다는 이유로 가축들에게 항생제를 투여하는 일이 합법이다. 그러니 고기를 소비할 때마다 몸에 간접적으로 항생제가 축적되는 여성들에게 항생제 치료가 필요할지에 대해서는 의문이다. 그리고 때로는 어쩌면 미국인에게 만연한 비만의 이유를 여기에서 찾을 수 있는 것은 아닐까? 하는 생각에 잠기곤 한다. 나는 미국인에게 비만이 많은 까닭을 장내 미생물총이 비만을 유발하는 세균들로 바뀌는 데서 그 뿌리를 찾을 수 있다고 확신한다. 물론 정크푸드 같은 다른 요인들로 인해 비만 문제가 더욱 심각해지고 있지만 말이다.

여기에서 제기할 수 있는 또 다른 문제는 모든 산모가 자연분만이 가능한 것은 아니라는 점이다. 어떤 산모들은 선택의 여지없이 제왕절개술로 아이를 출산할 수밖에 없다. 이 방법으로 태어난 아이는 엄마의 질이라는 자연스러운 통로를 통과하지 않고 세상 밖으로 나오기 때문에 엄마의 미생물총에 노출되지 않는다.

서양에서는 출산 경험이 있는 여성의 20.2퍼센트가 제왕절개수술을 받았으며, 어떤 나라들에서는 30퍼센트까지 올라간다는 연구 결과가 있다. 제왕절개로 태어난 아이의 장내 미생물총은 1년여가 지나야 비로소 자연분만으로 태어난 아이의 장내 미생물총과 비슷해진다. 하지만 장내 미생물총이 발달할 수 있는 시기가 있으므로 장내세균의 생태계를 회복하는 것이 충분하지 않을 수 있다.

게다가 산모는 제왕절개술이 태아에게 미칠 영향에 대한 설명도 듣지 못한 채 수술대에 오르곤 한다. 물론 일부 산부인과의사들은 제왕절개로 출산할 때 태아에게 어떤 결과가 뒤따를지 알고 적절한 조치를 취한다. 그러나 이조차도 최근에 이르러서야 행해지기 시작했다. 의사들은 산모의 장내 미생물총을 검사해 이상 없다는 결과가 나오면 엄마의 질 점액을 신생아의 얼굴에 바르거나 입에 한두 방울 떨어뜨려준다. 이로써 제왕절개로 태어난 아이의 미생물총에 초래하는 차이들을 최소한이나마 부분적으로 줄여줄 수 있다.

인류의 위대한 발명품, 모유

──────● 모유에는 단백질, 비타민, 철분, 호르몬, 효소, 필수지방산, 항체, 프리바이오틱스(갈락토올리고당) 등을 포함해 200개 이상의 성분이 함유되어 있다. 그 안에는 신생아의 배 속 미생물총과 면역체계 형성에 도움이 되는 살아 있는 세균들도 들어 있다.

그래서 몇 년 전부터 여러 연구소가 모유에 가장 근접한 분유를 만들기 위해 모유의 성분을 알아내려고 노력해왔다. 하지만 현재로서는 모유를 대신할 수 있는 완전식품은 존재하지 않는다. 모유 성분은 아기의 영양 상태에 따라 저절로 바뀌기 때문에 이를 인위적으로 조절한다는 것이 불가능하다.

예를 들어 초유와 6개월 후에 젖에서 나오는 모유의 구성 성분이 다르다. 또 모유를 먹은 아기는 풍부한 미생물총을 갖게 되는데, 모유수유의 가장 뛰어난 이점이 바로 여기에 있다. 아기는 엄마의 유두 그리고 엄마의 피부에 있는 미생물총과 접촉함으로써 엄마로부터 세균을 추가로 전달받으며 자신의 미생물총을 더욱 강화해나간다. 게다가 수유할 때 엄마가 아기를 안고 모유를 먹이므로 아기에게 심리적인 안정감을 줘 건강한 애착 관계를 형성할 수 있다. 더구나 모유에는 온갖 영양소가 골고루 들어 있어 아기의 성장과 두뇌 발달에도 좋은 것으로 알려졌다.

세계보건기구에서는 생후 6개월간은 모유를 수유하고, 이후부터 두 살 때까지는 모유와 이유식을 병행할 것을 권장한다. 물론 현대인이 이 권고 사항을 엄격하게 이행하며 생활해나가기에는 현실적인 어려움이 뒤따른다. 실제로 프랑스만 하더라도 엄마들이 모유수유를 하는 기간이 평균 7주에 그친다. 비록 기간이 짧더라도 모유수유를 하면 아기는 남은 평생을 좌우할 이점들을 획득할 수 있다.

하지만 모유가 아무리 좋다고 해도 모든 엄마가 모유만으로 아기를 키울 수는 없을 것이다. 그럴 때는 분유를 먹이면 된다. 마트에만 가더라도 프리바이오틱스와 프로바이오틱스가 풍부한 분유들이 즐비하다. 게다가 특별히 어떤 제품이 더 좋다는 것이 없으므로 아기의 개월 수에 맞춰서 선택하면 된다. 다만 세계알레르기기구World Allergy Organization는 알레르기 예방 차원에서 신생아들에게 프리바이오틱스 보충제를 투여하라고 권고한다. 또 유전적으로 당뇨 리스크를 가진 아이들에게는 태어난 이후부터 몇 달간 프로바이오틱스 보충제를 공급하면 당뇨가 발생할 위험이 줄어들 것이라고 이야기한다.

현재 진행 중인 연구들을 고려하면 모유수유가 어려운 경우에는 아기에게 프리바이오틱스를 먹이는 것이 현명한 선택이다. 기적의 요리법이 있는 것은 아니지만, 아기에게 먹이는 프리바이오틱스는 되도록 모유 올리고당HMOs, human milk oligosaccharides으로 한정하는 게 좋다. 일부 분유에서도 이 성분을 찾아볼 수 있으니 소아과의사의 견해에 따라 보충제 형태로 섭취할 수도 있을 것이다.

나를 지키기 위한 첫걸음, 면역세포

———● 이유기에 접어들면 아기의 장내 미생물총은 주요한 면역반응을 초래한다. 면역반응은 몸을 지키는 세포의 일종인 백혈구 같은 림프구들의 진화를 가속화한다. 림프구는 면역계를 감시하고 조절하는 중심 세포로, 우리는 이유기에 평생 사용할 면역세포를 얻게 된다.

만일 면역반응이 억제되면, 즉 면역반응이 방해를 받으면 어떤 일이 일어날까? 프랑스 파스퇴르연구소와 국립보건의학연구소의 제라르 에베를Gérard Eberl과 나딘 세르벵쉬상Nadine Cerf-Bensussan 연구팀이 이에 대한 답을 찾아냈다. 2019년, 이들은 쥐를 대상으로 진행한 연구에서 면역반응이 억제될 때 자

왜 아무 이유 없이 우울할까?

가면역질환이 생길 수 있으며 암, 알레르기, 대장염 같은 염증성 질환에 취약해진다는 사실을 알아냈다.

면역반응을 억제한 요인 중 하나는 젖을 떼는 시기에 새끼 쥐에게 항생제를 투여했기 때문이었다. 항생제 치료 기간에 새끼 쥐의 미생물총이 약 때문에 줄어들고 약해져 아세트산이나 부틸산 같은 단쇄지방산 등의 대사산물 형성이 제대로 되지 않았던 것이다.

파스퇴르연구소와 국립보건의학연구소의 연구진은 이유기에 있는 다른 집단의 새끼 쥐들에게 일주일에 세 번씩 항생제를 첨가한 단쇄지방산을 투여했고, 이를 통해 항생제의 해로운 효과가 눈에 띄게 억제된 것을 확인했다.

이와 관련한 임상시험이 이루어지지는 않겠지만, 아기의 장내 미생물 불균형이 미래의 질병 발현에 미치는 파급 효과에 관한 연구는 지금도 계속되고 있다. 다만 장기간에 걸쳐 피험자를 추적조사해야 하므로 즉각적인 결과를 알 수는 없다. 장내 미생물 불균형으로 제1형 당뇨병, 소화관의 염증성 질환, 천식 같은 질병의 발생이 높아질 위험이 있을 뿐만 아니라 이미 이야기했듯이 염증성 질환인 행동장애도 생길 수 있다. 물론 아이가 성인이 되기 전까지는 증상이 없을 수도 있다. 미생물총 세계는 여전히 새로운 연구 영역에 속하기 때문에 우리의 예상을 뒤엎는 일은 얼마든지 일어날 수 있다.

과학의 시대인 지금, 우리는 빠른 속도로 일을 처리하기 바라지만 오류를 최소화하기 위해서는 충분한 데이터를 얻는 것이 무엇보다 중요하다. 걸어서 가야 하는 길에 편법을 써서 하늘로 날아가려는 초급 마법사 놀이를 해서는 안 된다. 과학자들은 자신들에게 수많은 사람의 생명이 달려 있다는 사실을 명심해야 할 것이다.

그러니 지금으로서는 제대로 된 치료법이 나오기 전까지 이유기에 접어든 갓난아기일지라도 상황에 따라 항생제를 먹일 수밖에 없다. 현장에 있다 보면 때로는 3세 이하의 어린아이에게 항생제를 처방해야 할 때가 있는데, 문제는 그 나이대에 아이는 평생 함께할 미생물들을 몸속에 만들어가고 있기 때문에 의사의 적절한 판단이 무엇보다 중요하다는 점이다. 따라서 항생제의 부작용을 최소화하기 위해 보충제 형태의 프로바이오틱스를 같이 복용하는 것이 좋을 듯싶다. 물론 아기들에게 살아 있는 유기체인 세균들로 이루어진 프로바이오틱스를 투여하는 문제는 신중하게 결정해야 한다.

가까운 미래에는 또 다른 해결책이 나올 것으로 보인다. 아기에게 항생제를 투여하기 전에 (그리고 항생제를 써야 하는 병이 발병해 아기의 미생물총이 변해버리기 전에) 아기의 대변을 수거한

다음 항생제 치료가 끝났을 때 아기에게 다시 이식할 수 있다. 그러니 언젠가는 대변은행에 자신의 계정을 만드는 날도 올 것이다.

생애 최초의 3년이 우리의 인생을 결정한다

———● 그동안 나는 환자들을 진료하면서 '나만의 미 생물총 만들기'라는 주제에 끊임없이 파고들었다. 그동안 많 은 과학적 연구 덕분에 우리의 건강과 질병에서 미생물총이 기여하는 바를 절실히 깨닫게 되었다. 특히 현장에서 다양한 환자를 만날 때마다 이러한 생각은 더욱 확고해졌다.

나를 찾아온 환자들 가운데 피에르Pierre는 술을 많이 마시고 영양소가 불균형한 음식을 먹는 것이 일상이었음에도 튼튼한 간을 가진 덕분에 건강했다. 그 반면에 장Jean은 피에르보다 건강한 식생활을 하는데도 간경화에 걸린 데다가 장천공 때 문에 미량이라 할지라도 소화계 안으로의 독소 침투가 용이

했다. 또한 피에르가 아주 낙천적이었던 것과 다르게 장은 걱정이 많았으며 스트레스도 잘 받았고 화 또한 잘 냈다. 이들의 건강과 질병 그리고 성격에서 선천적인 부분과 후천적인 부분은 무엇일까?

우리는 이미 정해져 있는 자신의 게놈에 대해 무언가 대단한 행동을 취할 수 없다. 그러나 미생물총이라면 이야기가 다르다. 성인이라고 할지라도 자신의 장내 미생물 불균형을 바로잡을 수 있는 가능성이 언제나 열려 있다. 물론 죽을 때까지 해야 하는 일이지만 그 수고로움이 아깝지 않을 만큼 기대 이상의 결과를 얻을 수 있다.

가장 놀라운 발견은 우리에겐 평생토록 우리와 함께할 미생물총을 스스로 결정할 능력이 있다는 것이다. 그 미생물총에는 장단점 그리고 특정한 질병에 걸릴 위험을 높일 장내 미생물 불균형까지도 포함된다.

사실, 우리의 미생물총이 정해지는 데는 부모의 역할이 매우 중요하다. 많은 세균이 인생의 첫 2~3년 이내에 결정되거나 때로는 태어난 지 몇 달 만에 정해질 때도 있기 때문이다. 몸 속 세균이 결정되는 이 기간에 세균들의 어마한 능력을 파악하고 자신의 것으로 만들 수 있는 중요한 순간과 기회들이 존재한다. 이는 미래로 나아갈 수 있도록 열리는 창문과도 같다.

그러니 가능한 한 많은 창을 여는 것이 좋다. 그러나 만일 어떤 창이 닫혀 있다고 하더라도 부모는 아이가 부족한 것을 메우거나 잘못된 것을 고칠 수 있도록 도와야 한다. 그렇게만 한다면, 굳게 닫혀 있는 어떤 창도 아이의 미생물총에 치명적인 영향을 주지는 않을 것이다.

미생물총은 초기 3년 동안 섭취하는 음식의 종류에 따라 만들어진다. 이는 곧 자연분만과 모유수유 모두 중요한 요인임을 의미하지만, 그렇다고 해서 이 둘만이 미생물총 구축에 절대적인 것만은 아니다. 제왕절개로 태어나 분유를 먹고 자란 아기에게도 앞으로 계속될 인생에서 자신을 보호하기 위해 충분히 효과적인 미생물총을 만들 기회가 있기 때문이다.

그러므로 이 시기의 아이가 먹는 식단을 걱정하는 것은 당연하다. 하지만 음식이 과도하게 남아도는 지금 시대에 아이를 향한 사랑은 과한 음식이 아닌 다른 방식으로 표현되어야 한다. 영양과잉은 영양결핍만큼이나 미생물총을 교란하며, 더 나아가 장내 미생물 불균형을 초래하니까 말이다.

이를 실천하기 위해서 부모는 상식과 영양 관리라는 규칙을 따라야 한다. 이를테면 3세 이전까지는 아이에게 정크푸드를 절대 줘서는 안 된다. 탄산음료, 패스트푸드, 냉동피자 같은 것들도 당연히 안 된다.

세균은 아이의 몸속에 조금씩 둥지를 짓는다. 락토바실루스와 포도상구균처럼 어떤 세균들은 아이가 태어날 때부터 몸속에 형성된다. 그리고 출생 후 처음 몇 달 동안은 비피더스균과 박테로이데스가 아이의 장내를 차지한다.

아기의 생애 첫 녹색 채소는 생후 4개월부터 섭취해야 한다. 우유병에 한두 숟가락을 섞어 넣어주면 아기는 프리바이오틱스를 공급받게 된다. 5개월 무렵의 아기는 죽 형태의 채소를 맛볼 수 있고 설탕을 첨가하지 않은 간 과일도 먹을 수 있다. 새로운 이 음식들과 함께 박테로이데테스와 피르미쿠테스 같은 다른 종류의 세균들이 아기의 몸속에 자리 잡는다.

아기가 6개월쯤 되면 아주 다양한 세균들이 장내에 정착하기 시작한다. 그리고 9개월 전까지는 알레르기 예방을 위해 되도록 아기에게 글루텐이 안 들어간 이유식을 주는 것이 좋다. 그 대신에 쌀, 감자 그리고 오메가3와 오메가6 지방산을 취하기 위한 약간의 흰 살코기나 생선, 잘 으깬 삶은 달걀을 주는 것이 좋다.

개월 수가 지남에 따라 아기가 먹을 수 있는 음식의 양이 늘어나고, 종류도 다양해진다. 그 반면에 으깨거나 잘게 다진 음식은 점점 줄어든다. 한 살이 되면, 유아는 거의 모든 음식을 먹을 수 있게 된다. 이 시기에 부모는 아이가 요구르트와 브로콜리를 좋아하게끔 식습관 형성에 도움을 주면 좋다. 그리고 간식으로는 과일을 주자. 아이의 미생물총이 당신에게 매우 고마워할 것이다!

위생 문제에서도 과도한 것은 피해야 한다. 아이는 무균 환경에서 살도록 태어나지 않았다. 그러니 아이를 무균이라는 온실 안에 가두어놓아서는 안 된다. 손닿는 곳에 있는 건 뭐든지 만지고, 네발로 기어다니다가 입에 손을 넣기 시작하는 날을 위해, 아기가 자신의 면역체계를 구축하고 미생물총을 준비할 수 있도록 도와야 한다.

13장

달콤하지만
위험한 위로

우리의 눈을 가리는
'달콤한 위로'

　　————●　　앞서 이야기했듯이, 설치류를 불안하게 하고 스트레스를 주는 방법들 가운데 가장 빈번히 사용했던 방식은 새끼가 태어나자마자 어미와 떨어뜨리는 것이었다. 처음에는 생쥐를 대상으로 했다가 나중에는 시궁쥐로 대상을 바꾸었음에도 같은 결과가 나왔다.

　과학자들은 이러한 환경을 만든 다음, 이 쥐들에게 두 종류의 음식을 주었다. 불안감이나 스트레스가 없는 대조군에게도 똑같은 음식을 제공했다. 하나는 앵글로색슨인들이 '카페테리아 식단cafeteria diet'이라고 부르는 지방과 당분이 많은 음식으로, 이른바 정크푸드였다. 또 다른 하나는 설치류가 흔히 먹는 음식들에 맞춘 '정상적인' 식단이었다.

스트레스와 불안에 시달린 첫 번째 그룹은 지방과 당분을 선호했다. 마치 사람들이 스트레스를 받거나 불안한 마음이 들 때면 책상 서랍이나 부엌 찬장에 넣어놓았던 초콜릿이나 과자를 꺼내 먹으며 위안을 받는 것과 비슷한 양상을 보인 것이다. 두 번째 그룹은 '정상' 식단만으로도 만족해했다.

설치류나 인간들이 보이는 희한한 반응에 과학자들은 '지방과 당분은 정신 건강에 어떠한 이득을 주는가?'에 의문을 제기했다. 정크푸드로 위안을 얻은 설치류를 대상으로 진행한 불안감 테스트는 확실한 결과를 보여주었다. 의사와 영양학자 들이 매우 경계하는 음식(설탕, 지방 등)을 먹은 직후, 쥐들의 기분은 더 나아졌으며 덜 불안해했다. 이 음식들은 첫 잔은 불안을 달래주고, 두 번째 잔도 같은 효과를 지닌 알코올과 비슷한 효과를 보였다.

이러한 현상을 '지방의 행복 효과'라고 부른다. 물론 이는 미생물총을 통해 쾌락과 보상에 연결된 도파민 수용체들이 활성화되어 생기는 매우 일시적인 단기간의 효과일 뿐이다.

그럼에도 우리는 약간의 스트레스나 불안감이 얼핏 들 때마다 자신에게 '마음에 평안을 선사하는' 보상을 주는데, 이런 행동을 반복하다 보면 알코올의존증에 버금갈 만한 습관

왜 아무 이유 없이 우울할까?

이 만들어질 위험이 있다.

중장기적으로 볼 때, 너무 많은 지방과 너무 많은 당분이 주는 해로움은 단지 과체중의 문제만이 아니다. 과학에서 '보상 회로가 신경계에 적응하는 것'이라고 말하는 현상이 나타날 수 있다. 처음 시도에서 느꼈던 것과 똑같은 강도의 기분에 다다르기 위해 계속해서 더 강력한 마약을 더 많이 찾게 되는 까닭은 중독될수록 '늘 더 많이' 찾아도 점점 더 만족감이 떨어지고 화는 더 나는 상태에 이르게 되기 때문이다. 이를 통해 해마와 시상하부를 포함한 뇌의 특정 영역에서는 코르티솔에 대한 민감도와 특정 유전자들의 발현도 바뀌게 된다. 따라서 미생물총은 좋은 상태를 더는 유지할 수 없고, 보상 회로의 과잉 활성에 효과적으로 대처할 수 있는 대사산물을 생산해내지 못한다. 그 결과, 우리는 중독물질을 계속해서 소비하게 된다.

'달콤한 위로'가 습관이 되면 현실적인 위험이 늘어난다. 그중에는 우울증의 주요 증상 중 하나인 쾌락의 부재, 즉 '무쾌감증anhedonia'이 있다. 게다가 지방을 많이 먹은 미생물총이 기분을 느긋하게 만들고 조절하는 역할을 그만둔 후에는 진짜 우울증이 찾아온다. 알코올처럼 정크푸드가 전신에 입히는 폐해는 말할 것도 없다.

그렇다면 기분이 좋아지면 초콜릿과 브로콜리 중에서 무엇을 먹는 것이 좋을까?

내가 말하는 초콜릿은 설탕과 식물성기름에 우유로 범벅된 가공 초콜릿이 아니라, 카카오매스 함량이 최소 35퍼센트 이상의 다크초콜릿 작은 조각을 말한다. 실제로 다크초콜릿에는 카테킨 같은 항산화물질, 마그네슘, 인, 비타민 B1과 B2 등의 좋은 성분들이 농축되어 있다. 이 성분들 중에는 프리바이오틱스와 유사한 성질을 지닌 것들도 있다. 식도락을 즐길 줄 아는 우리의 소화기관 내 세균들, 특히 유산균과 비피더스균은 다크초콜릿에 함유된 폴리페놀과 플라보노이드에 열광한다. 또 다크초콜릿에 들어 있는 다른 성분인 플라보놀은 인지능력과, 더 일반적으로는 기억력에 관여하는 뇌의 영역인 해마로 혈액이 더 많이 유입되도록 돕는다.

당연히 이 모든 것은 과학적으로 증명된 사실이다. 나쁜 소식은 보상 회로의 즉각적인 활성화를 제외한 의미 있는 효과를 얻기 위해서는 많은 양의 초콜릿을 먹어야만 한다는 것이다. 그런데 카카오콩을 볶아서 분말로 만든 카카오페이스트 또한 카카오버터처럼 지질로 이루어져 있다. 그리고 다크초콜릿에는 진저리날 정도의 쌉쌀한 다른 성분들도 들어 있어서 엄청나게 맛있지는 않다. 게다가 당신이 먹는 초콜릿은

100그램당 대략 600칼로리가 넘을 정도로 칼로리가 높은 식품이다.

그럼에도 눈앞에 즐거움을 얻고 싶다면 다크초콜릿 작은 조각을 음미하라. 죄책감 없이 말이다. 이것이 중요하다! 나는 당신이 초콜릿 한 봉을 다 먹어치우지 못하게 해줄 해결책은 갖고 있지 않다. 그런 해결책을 발견한 사람이 있다면 그는 온갖 중독에 종말을 고할 수도 있을 것이다.

내가 해줄 수 있는 조언들은 상식선을 벗어나지 않는 정도다. 이미 알고 있겠지만 판초코보다는 차라리 개별 포장된 작은 크기의 초콜릿을 먹는 것이 낫다. 일일이 초콜릿 껍질을 벗기는 수고로움 때문에 판초코 하나를 다 먹어치우려는 반사적인 욕구가 조금은 수그러들 수 있으니 말이다. 그리고 선반 깊숙한 곳에 초콜릿 상자를 넣어두자. 또다시 초콜릿을 꺼내기 위해서는 자리에서 일어나야만 찾을 수 있는 곳에 상자를 두는 것이다. 수고를 들여야 한다는 사실만으로도 어쩌면 당신은 초콜릿을 그만 먹어야겠다고 생각하게 될지도 모른다.

식탁 위에 사과 같은 다른 좋은 음식들을 올려놓아서 출출할 때 얼른 집어먹을 수 있도록 하는 것도 하나의 방법이다. 또한 다크초콜릿을 한 조각 먹을 때에는 가능한 한 오래 입안에 물고 있자. 이렇게 하면 천천히 초콜릿 맛을 음미할 수도 있고, 초콜릿에 풍부한 플라보놀 덕분에 인슐린 민감도는 높아지는 반면에 인슐린 저항성은 낮아진다. 인슐린 민감도가 낮아지면 비만 당뇨병에 걸릴 수 있다. 게다가 다크초콜릿에 들어 있는 수용성 섬유질은 소화를 늦춰 오랫동안 포만감을 느끼게 해준다.

많은 사람이 오전 11시경이나 오후 3~4시 정도가 되면 출출하다며 야금야금 먹을 것을 찾곤 한다. 그러나 '약간의 허기'라고 부를 수 있는 몸 상태에 넘어가서는 안 된다. 간이 일하도록 두면, 적어도 30분 안으로 배고픈 생각이 사라진다. 우리의 간은 들어오는 당분이 없다면 즉각적으로 우리에게 그 사실을 알림과 동시에 우리가 먹거리를 찾는 동안 넉넉히 저장해두었던 당들을 배출하기 시작한다. 그러니 30분가량만 참으면 배고픔이 자연스럽게 가신다.

무엇보다 당신이 원하는 바가 오래오래 좋은 기분으로 건강하게 사는 것이라면 초콜릿을 가까이하지 않는 편이 좋다. 당신이 애지중지해야 할 장내세균들은 초콜릿보다는 오히려 브로콜리를 더 좋아할 것이다.

두 식품은 감정과 기질 사이에 존재하는 차이와도 같고, 날씨와 기후의 차이와도 비슷하다. 첫 번째 경우는 단기간에 효과를 거둘 수 있지만, 중장기적인 효과를 기대하려면 두 번째

왜 아무 이유 없이 우울할까?

가 낫다. 날씨에 비유해 좀 더 이야기하자면 덥거나 추운 날이 계속된다고 해서 날씨가 변하지 않는 것은 아니다. 우리는 비가 그치면 하늘이 말갛게 개고, 화창한 날이 이어지더라도 언젠가는 비나 눈이 내린다는 사실을 잘 알고 있다. 즉 그날그날의 대기 상태가 날씨인 것이다. 반대로 늘 너무 덥거나 너무 추운 날씨가 일정 기간 동안 계속되어야 기후가 바뀌었다고 말할 수 있다.

시험에 떨어졌거나 슬픈 영화를 봤을 때 기분이 가라앉거나 우울해지는 건 우울증과는 전혀 상관이 없다. 그러나 만일 이러한 감정이 계속된다면 우울증이 생긴 것일 수 있다. 사람만 그런 것이 아니다. 한 차례 학대를 당한 동물은 구슬픈 소리를 한 번 내고는 그 사실을 망각해버린듯 사람에게 가까이 다가온다. 하지만 계속해서 신체적, 정신적 학대를 당하면 기질이 변해 의기소침해진다.

이것이 초콜릿과 브로콜리의 차이점이다. 초콜릿은 낮 동안의 태양을 선물해주지만, 브로콜리는 몸에 적합한 날씨를 아로새긴다.

———● 지금부터 나는 당신이 알고 있는 것보다 훨씬
더 놀라운 브로콜리의 무궁무진한 장점을 소개하려 한다.

양배추의 일종인 브로콜리는 지중해가 원산지로 알려져 있
다. 그래서인지 지중해식 식단에 빠지지 않고 들어가는 음식
재료 중 하나이기도 하다. 브로콜리는 지중해식이라고 말하
는 음식의 정수이자 항염증성 식품이며 식이섬유가 많아서
훌륭한 식품의 승자임은 논쟁할 여지가 없다. 게다가 브로콜
리에는 비타민, 미네랄, 마그네슘, 칼륨, 칼슘이 풍부하게 들
어 있으며, 그 외에도 필수아미노산인 트립토판이라는 비밀
병기를 숨기고 있다. 알다시피 우리 몸은 트립토판을 대사해

행복 호르몬인 세로토닌을 생성한다.

영국 옥스퍼드대학교의 필립 카우언^{Philip Cowen} 박사 연구팀은 트립토판의 효능을 알아보기 위해 건강한 실험 지원자들을 실험군과 대조군으로 나눠 그들의 식단을 비교, 연구했다. 실험군에는 트립토판을 모두 배제한 식단을, 대조군에는 트립토판 2그램을 곁들인 음식을 제공했다. 식사를 끝낸 지 다섯 시간이 지나자 실험군은 기쁨을 표현하는 몸짓이나 표정을 판별하는 데 어려움을 겪었다.

자, 이제 초콜릿이 아닌 브로콜리를 선택할 마음이 드는가? 나라면 당연히 후자를 택할 것이다. 실제로도 나는 즉석에서 요리한 브로콜리를 좋아하는데, 그러한 음식을 먹을 때마다 브로콜리가 초콜릿만큼 맛있다는 명성을 가지지 못한 현실이 안타깝다고 생각하곤 한다.

그렇다고 해서 모든 사람에게 브로콜리를 권할 생각은 없다. 앞서 이야기했듯이 장기능장애로 고생하는 사람들에게 브로콜리와 다른 녹색 채소들은 위험한 식품이다. 특히 과민 대장증후군을 겪는 사람들은 브로콜리를 먹고 나면 복통을 호소한다. 건강식이라고 할지라도 그 식단이 가진 장점이 바로 나타나는 것은 아니기 때문이다. 그러니 장내 미생물의 생태계를 고려하며 차근차근 단계를 밟아가고 식사 습관을 바로잡아야만 최대의 이득을 얻을 수 있다.

알다시피 우리의 장내세균들은 수년간 정크푸드와 중독물질들을 먹으며 잘못된 방향으로 적응해왔다. 우리가 2~3일에 한 번, 혹은 그보다 더 적게 과일이나 채소를 섭취한 탓에 세균들은 굶주리게 되었고, 결국 최소한의 식이섬유만으로도 살아남는 법을 터득했다. 게다가 전체 세균 개체수가 뚜렷하게 줄어들거나 유해균들이 득실대는 세균 집단으로 변모했다. 따라서 늘 정크푸드만 먹던 사람이 갑자기 건강식으로 바꾸면 최소한의 식이섬유에 익숙해진 세균들을 포식하게 할 수 있다. 세균은 먹는 것을 즐기는 식도락가기에, 우리가 소화하지 못하고 세균에게 도달하는 모든 식이섬유를 먹어치울 것이다. 그 여파는 우리 배에 치명적이다. 장내에 가스가 쌓임으로써 배는 아플 정도로 부풀어 오르며 설사에 시달리게 되고 때로는 심한 복통이 뒤따를 수도 있다.

만일 당신의 세균들이 '건강하게 먹는 것'에 익숙하지 않다면 그들을 아주 천천히 길들이는 편이 좋다. 자신의 생활 방식에 맞춘 장기적인 목표를 세운 후 건강에 좋은 과일과 채소를 점진적으로 섭취해야 한다. 행여나 요행을 바라며 단기간에 식단에 급격한 변화를 주는 행동을 해서는 안 된다. 마음을 급하게 먹지 말자. 건강해지고 싶다면 당신의 몸속 세균들이 적

왜 아무 이유 없이 우울할까?

응할 수 있도록 충분한 시간을 주어야 한다.

처음 몇 주 간은 브로콜리와 다른 파 종류들을 잘게 썰어 쌀이나 감자와 섞어 먹다가 점차 접시에 단독으로 올리도록 하자. 식이섬유가 특히 풍부한 식품들로는 브로콜리, 치커리, 민들레, 돼지감자, 아스파라거스, 귀리, 사과, 배, 아마씨, 통밀 등이 있다. 이눌린이 풍부한 마늘과 양파는 건강에도 좋고 음식의 맛을 높여주므로 요리에 적극 활용해보자. 간식이 생각날 때는 비스킷 대신에 아몬드 한 줌을 먹고 설탕이 들어간 음료는 피하자.

만일 복통이나 복부팽만 증상이 나타난다면 그 전 단계로 돌아가는 것을 망설여서는 안 된다. 건강한 음식을 먹기 위한 다음 단계로의 여정을 떠나기 전에 며칠은 더 이전 단계를 유지해야 한다. 식단을 갑작스럽게 변경하기보다는 느긋하게 바꾸어나가면 세균의 다양성을 늘릴 수 있고, 건강에 좋은 효과를 가져다주는 세균들이 장내에 자리 잡아서 단쇄지방산과 같은 좋은 화합물들의 생산이 늘어난다. 그러면 결국에는 미생물총의 구성도 자연스럽게 달라진다.

염증 과정을 줄이고, 장벽의 투과성을 개선하며, 설탕 범벅의 초콜릿을 냉큼 집어 들게 만드는 불안감, 우울증, 불쾌감 등의 증상을 고치기 위해서는 한 단계 한 단계 천천히 나아가는 수밖에 없다.

　하루 이틀 사이에 장내 미생물 불균형을 회복시킬 수 없음을 상기하면서 너무 조급해하지 말고 천천히 식단을 바꾸어 나가야 한다. 시간이 오래 걸리더라도 장내 미생물의 생태계가 개선되기만 하면 며칠 내로 눈에 띄는 결과를 얻을 수 있다. 그렇다고 해서 마음을 놓으면 세균은 원래대로 돌아가려 할 것이다. 그러니 건강하게 먹는 식습관은 며칠만 반짝하고 끝낼 것이 아니라 평생 유지해야 한다. 그러면 세균들 역시 당신이 주는 음식을 먹으며 최선을 다해 자신이 맡은 바를 해낼 것이다. 그러나 만일 아무 음식이나 마구 먹는다면, 세균들이 당신의 건강을 망쳐버려도 세균들을 원망해서는 안 된다.

미생물총으로
병을 치료하는 시대가 열린다

지금까지 의학이 수많은 발전을 이룩할 수 있었던 것은 이 분야가 과학적 증거에 기초해 성립하는 학문이기 때문이다. 의사가 진단을 내리고 그에 따라 어떠한 검사를 진행할지 결정하며 적절한 치료법을 제시할 수 있는 것은 그동안 갈고닦은 의학 지식 덕분이다. 그러므로 의사가 되기 위해서는 자신의 주관적인 경험에만 의존하기보다 거인들이 켜켜이 쌓아올린 의학적 지식을 따라야 한다. 그래야만 실제로 현장에서 어떠한 환자들을 만나더라도 적절한 의사 결정을 내릴 수 있다.

그런데 문제는 의사들을 난처하게 만드는 질문들이 있다는 것이다. 이를테면 '컴퓨터와 로봇과 인공지능 시대에 의사가 모든 걸 알아야 할 필요가 있는가?' '환자가 병원을 방문하기 전에 인터넷으로 이미 검색한 뒤 자가진단하며 자신의 병에 대해 모든 것을 아는 이 시대에 의사가 할 수 있는 일은 무엇인가?' 같은 것들이다. 더군다나 이에 대한 대답들은 거기서 끝나는 것이 아니라 '과연 의사는 어떠한 일에 쓸모가 있으며, 미래에는 무슨 일을 할 것인가?'와 같은 또 다른 질문으로 이어진다. 어쩌면 미생물총의 연구와 응용이 이러한 질문들에 해답을 제시할 수 있지 않을까!

오늘날, 과학적인 증거들은 미생물총과 뇌가 상호작용한다는 사실을 명백히 가리키고 있다. 그 증거들은 우리가 의심할 여지도 남겨두지 않는다. 물론 세균들은 영리하고 교활하며 복잡한 데다가 수도 엄청나게 많아 여전히 우리는 그들을 충분히 알지 못한다. 미생물총 그 자체는 지금도 미지의 영역으로 남아 있다. 하지만 근거 중심의 의학은 지금도 발전하고 있으며 앞으로 더 많은 연구를 통해 얻게 될 자료들을 취합하면 의료 현장에서 미생물총을 활용하는 일도 머지않은 미래에는 가능해지리라 생각한다.

그때쯤이면 미생물총 분석을 통해 각 개인의 미생물총만을 타깃으로 하는 질병 치료도 가능해질 것이다. 예를 들어, 뇌 관련 질환에 사이코바이오틱스psychobiotics* 역할을 하는 프로

왜 아무 이유 없이 우울할까?

바이오틱스를 활용할 수 있다. 또한 미생물총을 분석해 미래에 생길 수 있는 질병의 위험을 예측하는 데도 유용할 것이다. 내가 바라는 건 이를 통해 질병의 메커니즘을 알아내 발병 전에 미리 예방하는 것이다.

언젠가 인공지능이 이 모든 일을 수행할 테지만, 그럼에도 의사의 역할은 여전히 중요한 몫으로 남을 것이다. 진료라는 것은 환자가 병원에 들어서서 "안녕하세요"라고 인사하는 순간부터 시작하기 때문이다. 환자의 행동이나 말하는 방식 또한 책상에 쌓인 대량의 객관적 검사 결과지만큼이나 소중한 지표들이다. 사실상 의사의 결정에는 근거 중심 의학을 바탕으로 형성된 자신의 주관, 감정, 표현, 두려움, 믿음 등이 내재해 있다.

과학의 놀라운 진보에도 불구하고 의사는 임상을 실천하는 자로서 불확실한 영역에서 지속적으로 큰 역할을 담당할 것이 분명하다. 우리는 모든 것을 알지 못한다. 게다가 나는 언젠가 우리가 모든 걸 알게 될 날이 오는가에 대해서도 확신할 수 없다. 그러나 모든 걸 알지 못한다고 해서 문제될 일은 없다. 독일의 철학자 이마누엘 칸트^{Immanuel Kant}가 말했듯이, "개인의

---

* —— 충분히 섭취했을 때 정신질환으로 고통받은 환자에게 도움을 주는 살아 있는 장내 유익균을 가리킨다.

지능은 그가 감당할 수 있는 불확실성의 양으로 측정"하기 때문이다.

의사가 환자의 말에 귀 기울이고 공감하며 환자를 책임지고 돌보는 치료법은 앞으로도 계속될 것이다. 환자와 그의 가족력과 두려움과 심리 상태를 아는 것 역시 마찬가지다. 여기에는 이제껏 많이 연구되었으며 수치로 증명된 위약효과도 포함된다. 이를테면 직장결장염이나 크론병에 대한 통상적인 치료는 환자의 35퍼센트가 효과를 보였다. 그리고 20퍼센트는 위약효과만으로도 좋은 예후를 보였다. 게다가 항우울제에 관한 과학적인 연구를 통해 위약이 30~50퍼센트의 환자들에게서 진짜 약만큼이나 효과적임이 입증되었다.

기술의 로봇화로 이루어진 진보가 어떤 식으로 진행되든 간에, 환자의 회복을 위해 환자와 그의 질병에 대해 전체적인 시각을 갖기 위해 그에게서 정보를 캐낼 줄 아는 의사의 의무는 존속할 것이다.

임상 진료에서 '1+1=거의 2에 가깝다'는 사실을 그 어떤 로봇도 바꾸지 못한다.

세균에 관한
오해와 진실 ⑯

많은 사람이 인터넷에서 정보를 검색한다. 최고의 정보와 최악의 정보가 뒤섞여 있다는 것을 알면서도 그렇게 한다. 인터넷에는 소위 '진실'이라고 불리는 것들이 어떤 증거나 확인 절차 없이 게시되어 있는데, 우리는 그 정보들이 자신의 건강에 악영향을 줄 위험성이 있는 걸 알면서도 사실 확인 없이 그것들을 곧이곧대로 받아들이곤 한다.

그 수많은 정보 중에서 무엇이 참이고 무엇이 거짓일까? 독자들이 '진짜 정보'와 '가짜 뉴스'를 가려낼 수 있도록 퀴즈 형식으로 이해를 돕고자 한다.

대부분의 미생물은 우리의 장내에 살고 있으며, 피부, 질, 폐, 입에도 존재한다. 앞서 이야기한 것처럼 장은 지구상에서 미생물의 서식 밀도가 가장 높은 곳이라고 알려졌지만, 그렇다고 해서 그곳의 미생물총이 우리 몸속에 있는 수많은 미생물을 대변하지는 않는다. 각각의 미생물총은 저마다의 역할을 수행하면서 상호작용하며 살아간다.

식도에서 장으로 내려갈수록 미생물의 수는 늘어날 뿐 아니라 종류도 달라진다. 게다가 머무는 몸속 환경에 따라 생존 방식도 바뀐다. 위장 근처에 서식하는 미생물은 산성 환경에 적응해야 하고, 장내에 거주하는 미생물은 적은 양의 산소만으로 살아가야 한다.

세균을 포함한 모든 미생물은 우리와 관계를 맺고 있으며, 우리 없이는 살아갈 수 없다. 만일 그렇지 않았더라면 미생물은 지금과는 전혀 다른 방식으로 살고 있을 것이다. 우리도 마찬가지여서 이들 없이는 살 수 없다.

모든 사람은 같은 미생물총을 가지고 있었지만, 위생을 포함한 생활 방식이 미생물총 종류의 차이를 가져왔다.

정답　×

우리가 자궁에 있을 때부터 엄마의 면역과 섭식, 생활 습관, 엄마가 복용하는 약에 따라 진화를 시작하기 때문이다. 게다가 태어난 지 고작 몇 시간이 흘렀을 뿐이더라도 자연분만인지 제왕절개인지에 따라 우리는 서로 다른 세균들을 몸속에 지니게 된다. 또 어릴 적 수유 방법과 우리를 둘러싼 환경위생에 따라, 이후에는 삶의 형태와 생활 방식 그리고 우리가 먹는 다양한 음식의 질에 따라 우리는 저마다의 고유한 미생물총을 형성하게 된다. 그러므로 개인의 미생물총은 DNA나 지문같이 일종의 신분증 역할을 한다고도 할 수 있다. 몸속에 서식하는 세균들이 개인마다 다르더라도, 예외적인 상황을 제외하고는 장내세균의 기능은 동일하게 작동한다.

세균이든 곤충이든 인간이든, 모든 존재는 밝은 면과 어두운 면을 가지고 있다. 적재적소에 존재하는 한 세균은 우리에게 이로운 존재다. 예를 들어 우리의 장내에 있을 때는 이로움을 가져다주지만, 만일 오염되거나 상한 음식 속에 있다든가 소화관에서 빠져나와 다른 기관에 서식함으로써 우리를 병에 걸리게 한다면 세균은 해로운 존재라 할 수 있다. 다만 병원균이라고 하더라도 그 수가 적다면 우리에게 크게 해롭거나 악영향을 끼치지는 않는다.

이를테면 헬리코박터 파일로리^{helicobacter pylori}가 위궤양과 위암을 일으키는 원인이라고만 알려졌지, 성인의 천식 발생률을 절반가량으로 낮춰주는 이점을 가지고 있다는 사실은 잘 알려지지 않았다. 또 다른 예로 박테로이데스 프라질리스는 극심한 생식기 염증의 원인이지만 자폐증의 발병 확률을 줄여주기도 한다. 당뇨병 위험을 줄여주는 프로바이오틱스 균주로 알려진 아커만시아 뮤시니필라는 통계적 연구를 통해 다발성경화증과 파킨슨병과 연관이 있음이 밝혀졌다.

내가 의대생이었을 때, 온몸에 커다란 종기들이 돋아나 육체적, 심리적 고통에 힘들어하던 환자가 진찰을 받으러 온 적 있다. 우리는 여러 날 동안 병의 원인을 찾았고, 마침내 그 이유를 알아냈다. 환자가 자신의 대변을 피부에 직접 주사했던 것이다. 앞서 이야기했듯이 우리의 장내세균들은 소화계 내에 있을 때는 우리를 보호하며 놀라운 일들을 해내지만 환경이 급작스럽게 바뀌면 많은 골칫거리의 원인이 될 수 있다.

또 한 환자가 소화기 문제로 나를 찾아온 일이 있었다. 그때 나는 그에게 우유 발효식품과 요구르트에 들어 있는 스트렙토코쿠스 써모필러스를 처방했다. 그는 인터넷에 '스트렙토코쿠스(연쇄구균)'를 검색해보았고, 이 세균이 매우 심각한 염증의 원인임을 알고는 공포에 떨었다. 그러나 이는 A군 연쇄구균과 B군 연쇄구균의 경우에는 해당하는 사실이지만 이들의 사촌 격인 '써모필러스'는 그렇지 않다. 무엇이든 알아보고 조심하는 것도 좋지만 필요 이상의 과잉 반응과 확대 해석을 경계해야 한다.

Q4   세균은 바이러스에 감염될 수 없다.

정답   ✕

소화관 내에 있는 바이러스는 세균보다 훨씬 많다. 거의 열 배쯤 많다고 보면 된다. 이 바이러스를 '박테리오파지bacteriophage', 혹은 줄여서 '파지'라고 한다. 박테리오파지는 세균을 잡아먹는 바이러스라는 뜻으로, 이름처럼 자신들의 증식을 위해 세균만을 숙주로 삼기 때문에 '세균의 천적'으로도 불린다.

세균 안으로 들어간 파지는 자신의 유전체를 변경한다. 물론 이들은 세균을 죽일 수도 있지만, 세균이 스스로를 방어하도록 도우면서 세균을 지키기도 한다. 예를 들어 감염 원인인 세균들을 사멸시키는 작용을 하는 항생제에 내성이 생기도록 돕는다. 실제로 농산물 가공업 종사자들은 오래전부터 치사율이 최대 30퍼센트에 육박해 위험 식중독균으로 분류되는 리스테리아증의 원인인 리스테리아균listeria monocytogenes에 대항하기 위해 바이러스를 이용해왔다.

역사적으로는 냉전시대에 소련이 파지 요법 프로그램을 시행한 바 있다. 항생제 대신에 병원균과 맞서 싸우는 바이러스인 파지를 이용한 이 프로그램은 오랫동안 경시되었다가 항생제 내성을 지닌 슈퍼 세균에 대한 우려가 크게 일면서 서양

왜 아무 이유 없이 우울할까?

에서 다시 주목받고 있다.

Q5	과도한 위생 관념은 오히려 건강을 해친다.
정답	○

우리가 태어났을 때부터 유효한 말이다. 물론 뛰어난 위생이 유아와 심지어 성인의 사망률을 획기적으로 낮추는 데 큰 몫을 한 것은 사실이다. 그러나 내가 여기에서 이야기하려는 것은 오늘날 만연한 천식과 알레르기 같은 질병의 원인 중 하나인 과도한 위생 관념, 더 나아가 강박적인 위생 관념에 관해서다. 세균들을 쫓아내고, 과도하게 살균함으로써 장내에 있는 다양한 미생물총은 벌집을 쑤셔놓은 듯 파괴된다. 그러니 우리 아이들만이라도 자신의 면역체계를 만들 수 있도록 하자. 다시 한번 말하지만 세균은 우리의 건강 파트너!

2016년 미국에서 시행한 연구만 보더라도 이 같은 사실을 분명하게 알 수 있다. 이 연구는 유전적으로 매우 가까우며 목축업과 농업에 종사하는 두 집단을 대상으로 진행했다. 한 그룹은 아미시교도로, 종교적 신념에 따라 현대문명의 모든 이기를 사용하지 않는다. 다른 하나는 후터라이트로, 현대 생활의 몇몇 요소는 받아들이며 최상의 위생 상태를 유지한다.

과학자들은 두 집단의 아동 각 30명을 관찰했다. 후터라이트 집단에서는 아동 여섯 명이 천식을 앓고 있었다. 그 반면에 하루 종일 곡물창고와 가축우리를 오가며 맨발로 지내는 아미시 집단에서는 천식을 겪는 아이가 한 명도 나오지 않았다. 두 집단의 혈액을 분석해보니 아미시 집단의 아이들에게서는 세균을 잡아먹고 면역 작용도 하는 백혈구의 수치가 월등히 높은 것으로 나타났다.

이와 함께 쥐들을 대상으로 먼지 테스트도 이루어졌다. 쥐들에게 깔끔하기로 유명한 후터라이트의 농장에서 나온 먼지를 주입하자 쥐들에게서 여러 호흡기질환이 발병했다. 반대로 청결 상태가 불결해 세균이 훨씬 많은 아미시 집단의 먼지를 주입한 쥐들의 기관지에서는 알레르기 반응이 감소했다. 이러한 결과를 바탕으로 과학자들은 천식 치료에 대한 새로운 전망을 열어주리라 기대하며 곡물창고와 가축우리에서 나왔을 세균이나 세균 조각들의 정체를 밝히기 위한 연구를 이어나가고 있다.

몇십 년 동안 보건당국은 감염병 질환의 예방을 위해 철저한 위생 관리를 장려했다. 이를테면 젖병이나 가짜 젖꼭지를 비롯해 4개월 이하의 영아들이 만지거나 입에 넣을 수 있는 모든 물건을 완전히 살균해야 한다는 식이었다. 오늘날에는

왜 아무 이유 없이 우울할까?

미생물총에 관한 새로운 사실이 계속해서 밝혀지고 있어서 이런 권고는 한층 완화되었다. 현재 프랑스에서는 건강한 아기들에게는 과도한 살균 소독이 필요 없다는 사회적 인식이 높아지고 있다. 신생아집중치료실에서 퇴원한 미숙아도 예외는 아니다. 그렇다고 불결한 환경에서 아기를 키우라는 소리가 아니다. 다음 수준의 위생 수칙만 따르더라도 충분하며 아기는 훨씬 더 건강해질 수 있다.

1. 젖병을 만지기 전에는 비누로 깨끗이 손을 씻는다.
2. 뜨거운 물로 아기의 젖병을 소독한다.
3. 깨끗한 행주나 일회용 키친타월로 젖병의 물기를 제거한다.
4. 청결한 작업대 위에서 우유를 젖병에 담는다.

Q6 백신은 면역에 영향을 주는 장내 미생물의 생태계에 불균형을 초래한다.

정답 ✕

백신 반대론자들은 위생 이론을 근거로 위험한 결론을 성급히 끌어냈다. 이들은 두 가지 이유에서 백신을 강력히 거부한다. 하나는 최소한 서양에서는 감염병의 대유행이 없으므로 백신이 필요 없다는 것이다. 하지만 이들은 많은 나라에서 감염병이 여전히 맹위를 떨치고 있다는 사실을 간과하고 있다. 전 세계를 휩쓴 코로나19 바이러스만 보더라도 이 같은 생각은 더 큰 재앙을 가져올 뿐이다. 다른 하나는 백신이 우리의 면역체계와 미생물총을 교란해 우리 몸과 세균의 공생관계를 망가뜨리며, 이로 인해 외부의 적이 없어진 몸이 자신의 내부를 공격하는 자가면역질환에 걸리도록 일조한다는 주장이다. 특히 크론병과 제1형 당뇨병을 그 예로 든다.

이들의 주장과 달리 역사적으로 우리가 수많은 감염병을 물리칠 수 있던 이유는 백신 덕분이었다. 지금도 백신은 매년 수천만 명의 목숨을 구한다. 세계 어딘가에서는 백신을 맞지 못해 전염병으로 죽어가는 이들이 있다. 따라서 접종을 받지 못하는 취약 계층을 위해 접종 가능한 사람이 모두 백신을 맞아야만 감염률을 낮출 수 있다. 그러니 백신을 거부하는 것은 우리 아이들에게 위험을 가하는 행동일뿐더러 다른 모든 이를 생각하지 않는 극히 이기적인 행동이다. 우리는 앞으로도 계속해서 백신을 맞아야 하고 아이들에게도 백신을 맞혀야 한다.

미생물총에 영향을 주는 것은 백신이 아니라, 과도하게 살균한 음식, 생활 방식, 위생 상태 그리고 우리가 미생물에 노

출되는 것을 제한해 지난 수십 년 동안 세균의 다양성을 대부
분 사라지게 만든 수많은 외부 요인이다.

<table>
<tr><td>Q7</td><td>3세 이후에는 미생물총이 변하지 않는다.</td></tr>
<tr><td>정답</td><td>✕</td></tr>
</table>

앞서도 이야기했듯이 미생물총은 인생 첫 3년 동안 만들어지
며, 이 기간에 미생물총에 일어난 변화는 오랫동안 이어진다.
이론대로라면 이 시기에 형성된 미생물총이 평생 간다.

하지만 실제로는 3세 이후에도 우리의 미생물총은 식단, 생
활 방식, 중독 여부, 복용하는 약 등 다양한 요인들로 인해 계
속 변화한다. 물론 이러한 변화는 3세 이전에 발생한 변화만
큼 중요하지 않으며 한 번 바뀌었다고 해서 그 상태가 계속 유
지되는 것도 아니다. 예전 상태를 기억하는 미생물총은 다시
옛날로 돌아가려는 속성을 가지고 있다. 다만 고령자들의 미
생물총은 거의 바뀌지 않는다.

따라서 장내 미생물 불균형으로 병에 시달리는 사람은 식
이섬유가 풍부한 음식을 먹음으로써 소화 세균의 질과 양을
개선할 수 있다. 하지만 이 식단을 지속하지 않고 이전의 불량
한 식습관으로 돌아간다면 미생물총 역시 이전 상태로 되돌

아간다. 프리바이오틱스와 프로바이오틱스를 기반으로 하는 치료를 장기간 지속해야 하는 까닭이 바로 미생물총의 복원력 때문이다.

반대로, 항생제 치료는 우리의 소화 세균들에게 폭탄 효과를 낼 수 있다. 그러나 치료를 끝낸 후 두세 달이 지나면 미생물총은 예전 기억을 되살려 이전과 비슷한 상태로 되돌아간다.

Q8	나의 미생물총을 분석하는 것은 건강관리에 도움을 준다.
정답	○와 × 둘 다 해당.

최근 들어 자신의 진료기록부에 미생물총 분석 결과지를 첨부해 내원하는 환자들이 점점 늘어나고 있다. 인터넷에서 미생물총 분석을 해주는 스타트업 회사들을 쉽게 찾을 수 있는 데다가 200유로에서 300유로(한화로 약 27만 원에서 41만 원) 정도의 비용만 내면 누구나 검사를 받을 수 있기 때문인 듯하다. 설령 내가 미생물총 분석 결과지를 본다 하더라도, 그 환자만을 위해 프리바이오틱스와 프로바이오틱스 처방을 바꾸거나 식이요법의 규칙을 바꾸는 일은 전혀 없다. 어떤 사례가 되었든 미생물총을 강화할 수 있는 식단을 조언할 뿐이다.

사실, 현재의 지식만으로는 이 분석 결과를 활용할 방법을 알지 못한다. 진단 방법도 모르는 마당에 하물며 치료 방식을 바꾸는 법을 어찌 알겠는가? 그러니 어떤 경우에는 식단을 바꾸기 전후로 미생물총을 분석하는 편이 유용할 수도 있다. 그렇게 하면 미생물총의 변화를 확실히 알 수 있기 때문이다. 또 식단을 바꾼 후에 2~3킬로그램 감량이 일어나는 것을 통해 미생물총의 균형을 확인할 수 있다.

어쩌면 5년이나 10년 뒤에 나는 지금과 전혀 다른 이야기를 하고 있을지도 모른다. 그때가 되면 미생물총 검사가 발전할 만큼 세균에 대한 지식이 훨씬 더 많아질 테니 말이다. 혈액검사나 소변검사와 마찬가지로 미생물총 검사도 무작위로 하는 것이 아니라 주목할 만한 특정 세균이나 세균 유전자에 초점을 맞추어 시행할 것이다. 예컨대 당뇨병에 걸릴 위험성이 높은 사람들은 아커만시아 뮤시니필라 같은 세균에 초점을 맞추어 검사하는 편이 훨씬 유용하다.

장기적으로 볼 때, 나는 미생물총 분석이 개인별 맞춤 예방의학의 기둥이 되리라 믿는다. 또 미생물총 분석을 통해 개인에게 닥칠 수 있는 질병의 위험을 미리 알리고 자폐증이나 우울증 같은 신경질환, 혹은 암의 위험을 예방하는 데 적합한 프로바이오틱스를 처방할 수 있으리라고도 기대한다. 통상적인 치료 역시 개인에게 맞춘 치료로 나아갈 수 있을 것이다.

분변 이식은 이미 실행되고 있다.

정답 ○

현재, 분변 이식은 클로스트리듐 디피실리균으로 생긴 대장염의 보조적인 치료로만 쓰이고 있다. 다른 세균에 비해 항생제 내성이 강한 클로스트리듐 디피실리균이 급증하면 이들이 만들어내는 독소의 양도 그만큼 많아져 결국에는 장에 심각한 감염이 발생한다.

국제적으로 유명한 연구소들에서는 골수이식과 다른 종류의 감염성 대장염에 활용하고자 체계적인 연구로 분변 이식의 가능성을 발전시켜가고 있다.

또한 파킨슨병과 같은 신경질환이나 정신적 문제로 여겨지는 자폐증, 우울증, 거식증, 폭식증, 조울증 등을 치료하기 위해 분변 이식을 시도 중이다. 물론 분변 이식의 장점이 무엇인지, 어떤 유형의 환자들에게 적용해야 하는지, 이 치료법의 위험성은 무엇인지를 증명하는 일은 해결해야 할 과제다.

분변 이식은 살을 빼는 데 도움이 될 것이다.

정답 어쩌면.

이 주장은 의학적 허구의 영역일 수도 있다. 우리는 이미 장내세균이 우리의 대사에 능동적으로 참여하며, 과체중에 일정 부분 책임이 있다는 사실을 알고 있다. 포만감 조절에 관여하는 특정 세균들의 역할도 곧 밝혀질 것이다. 2030년이 되면 개개인의 대변을 분석함으로써 비만이나 다른 질병으로 발전할 위험인자를 가졌는지 판별하는 일도 가능할 것이다. 그때쯤이면 장내 미생물총과 직접 연관된 새로운 치료법이 자리잡지 않을까?

하지만 분변 이식은 장기간으로 행하기에는 부담이 매우 큰 치료법이기 때문에 미래의 가장 이상적이며 유일무이한 치료법이라고 생각하지는 않는다. 오히려 미래에는 정신에 영향을 주는 세균의 화합물이나 대사산물인 사이코바이오틱스 연구가 주가 될 가능성이 크다. 그중에는 살을 빠지게 하고 폭식증을 잠재우며 거식증을 극복하도록 돕거나, 스트레스를 가라앉히고 자폐증이나 우울증을 치료하는 데 활용될 사이코바이오틱스가 있을 수 있다. 그러나 이 모든 일은 많은 시간이 필요하다. 따라서 우리 세대의 의사들이 이 방법을 알게 되고 임상에서 직접 사용하게 될는지는 잘 모르겠다.

Q11	항생제를 일주일 동안 복용하면 미생물총에 극심한 피해를 줄 것이다.
정답	✕

우리의 장을 빈자리가 하나도 없이 관객들로 꽉 들어찬 공연장이라고 상상해보자. 새로운 세균들이 도착한다. 때때로 못된 세균도 온다. 하지만 대부분의 신참 세균은 이미 자리를 차지한 세균들에게 밀려난다. 신참들이 이곳에 자리를 잡는 데 성공하는 경우는 거의 없다.

항생제는 이 공연장, 즉 우리의 미생물총에서 폭탄과도 같은 효과를 낸다. 항생제의 역할은 세균을 죽이는 것이므로, 우리에게 해를 끼치려는 세균은 물론 그 옆에 있던 다른 좋은 세균까지 모두 없애버린다. 이러한 대량학살 때문에 처방받은 항생제를 다 먹고 나면 복통을 느낄 수도 있고, 더 우울해지거나 더 피곤해질 수도 있다. 그런데 미생물총의 일시적 약화와 회복 과정에 동반되는 염증 발생이 정말로 항생제만의 탓일까? 이 질문에 대한 답은 지금도 알지 못한다.

항생제를 복용하는 동안에 요구르트, 맥주효모, 프로바이오틱스를 섭취하면 항생제 부작용에 따른 설사 등에 도움이 된다. 다만 망가진 미생물총을 더 빠르게 재건하는 데는 결정적인 도움이 안 된다. 미생물총이 원래 상태로 돌아오는 것은 미생물총 자체가 가지고 있는 복원 능력 덕분이다. 원래대로 돌아오는 데 2~3개월 정도 소요되며, 95퍼센트 정도가 원래의 상태를 회복한다.

Q12	대부분의 약은 우리의 미생물총을 변화시킨다.
정답	○

우리의 소화관을 통과하는 거의 모든 물질은 소화액에 파괴되지 않는다는 상황에서 장내 미생물총에 영향을 준다. 약도 마찬가지여서 약의 70퍼센트는 미생물총에 긍정적이든 부정적이든 영향을 끼친다.

세균을 사멸시키는 목적을 가진 항생제 외에도, 약의 24퍼센트는 적어도 세균 한 종의 성장을 억제한다. 그중에서도 항우울제, 항정신병 약제, 신경이완제, 항염증제, 항균제, 당뇨나 말라리아, 에이즈 치료를 위한 약들이 특히 그렇다. 그러나 이러한 이유로 약을 먹지 않는다는 것은 모순이다. 어떤 경우에는 미생물총을 변경하는 것이 이득이 될 수도 있으며, 더욱이 어떤 질병을 치료하기 위해서는 반드시 미생물총을 바꿔야 할 때도 있다. 약이 우리의 목숨을 구한다는 사실을 결코 잊어서는 안 된다.

Q13   의사에게 프로바이오틱스 대신에 대사산물을 처방해달라고 할 수 있다.

정답   ○

지금으로부터 1500년 전부터 사용해오던 대사산물이 있다. 바로 곰의 담즙인 우루소데옥시콜산^{ursodeoxycholic acid}으로 중국 의사들은 환자의 간을 치료하기 위해 사용했고, 일본 사무라이들은 전투에 나가기 전에 자신을 지키기 위해 먹었다. 나는 간 보호제를 먹어야 하는 환자들에게 우루소데옥시콜산을 처방한다. 다행히 오늘날에는 곰을 고통스럽게 하지 않아도 되게끔 가공품으로 약이 생산된다.

이 밖에도 다른 대사산물들이 보충제 형태로 유통 판매 중인데, 부틸산 같은 단쇄지방산을 예로 들 수 있다. 그러나 현재까지 이 물질들이 우리의 장으로 가는지 혹은 장에 도달하기 전에 소화계에 흡수되거나 파괴되는지에 관해서는 밝혀진 바가 없다.

정답   ✕

어떤 식품도 과일과 채소를 대신할 수는 없다! 과일에는 당분이 많이 들어 있어 양을 조절하며 먹어야 하는데 보통 하루에 세 번 먹는 것이 좋다. 이상적인 섭취 형태는 껍질째 과일을 먹는 것이고, 가장 피해야 할 방법은 갈아서 먹는 것이다. 채소는 마음껏 먹어도 괜찮다. 나는 영양소가 풍부한 음식을 먹지 않고, 좀 더 건강한 식이요법을 위해 도움이 필요한 환자들에게는 프리바이오틱스를 처방한다. 균형 잡힌 식사를 하고 채소를 섭취하며 건강한 사람들의 경우라면, 굳이 프리바이오틱스를 챙겨 먹을 필요가 없다.

Q15   브로콜리는 기적의 음식이다.

정답   ○와 ✕ 둘 다 해당.

이 세상에 기적의 식품이라는 것은 존재하지 않는다. 비록 브로콜리가 기적의 식품은 아닐지라도, 브로콜리에는 특히 필수아미노산인 트립토판이 풍부하게 들어 있어 우리의 건강에 이롭다. 트립토판은 행복 호르몬인 세로토닌과 같은 신경전달물질을 생산하는 데 관여한다. 자폐증, 알츠하이머, 우울증, 심지어 조현병 같은 신경질환은 소화 세균의 트립토판 대사가 비정상적으로 일어나는 것과 연관 있다. 나는 이런 경우에 소화기관이 견딜 만한 상태라면 트립토판의 '대사 경로를 강제'로 작동하게 하는 방법을 추천한다. 즉 브로콜리와 다른 배춧과 식품들을 많이 섭취하고, 프로바이오틱스를 보충함으로써 세균들이 트립토판을 사용하게 만드는 것이다.

Q16	익힌 채소보다 생채소에 식이섬유가 더 풍부하게 들어 있다.
정답	○와 × 둘 다 해당.

생채소든 익힌 채소든 식이섬유의 양은 거의 같고, 질에서 차이가 난다. 익힌 채소의 식이섬유는 소화하는 과정에서 일부분 파괴된다. 이와 달리 생채소에 함유된 식이섬유는 저항력이 뛰어나서 세균들이 파티를 벌이는 장내까지 상당히 많은 양이 살아남는다. 그렇다고 해서 갑자기 많은 양을 섭취하면 복부팽만과 복통을 유발할 수 있으니 적당량만 먹어야 한다. 부득이하게 채소를 익혀 먹어야 할 때는 식이섬유와 비타민 그리고 항산화물질의 파괴를 막기 위해 삶거나 찌는 조리법이 좋다.

왜 아무 이유 없이 우울할까?

과일도 마찬가지다. 건강을 위해서는 익힌 과일보다 생과일이 훨씬 좋다. 그런데 만일 생과일이 복부팽만을 일으킨다면, 전혀 안 먹기보다는 설탕을 넣지 않은 채로 졸이거나 오븐에 구운 다음에 섭취하는 편이 좋다.

내 몸을 지키는
방법㉒

몸속 미생물총에 긍정적인 영향을 주고, 불균형을 바로잡는 것은 단기간 내에 이룰 수 있는 일이 아니다. 하지만 방법은 의외로 간단하다. 건강을 챙기며, 스트레스와 불안감, 심신의 피로를 극복하면 된다. 그리고 무엇보다도 균형 잡힌 식사가 가장 중요하다. 몸이 들려주는 소리에 귀를 기울여 어떤 상황에서도 자신을 지킬 수 있는 의사가 되어보자. 이 책에 나온 모든 지침이 우리 모두를 위한 것임을 명심하면서 말이다.

❶ 프로바이오틱스가 필요한 순간을 어떻게 알 수 있을까?

유럽연합^{EU}의 공식적인 발표에 따르면 프로바이오틱스는 '건강한 신체에 충분한 양을 공급하면 건강에 이득을 주는 살아 있는 세균이나 효소'를 가리킨다. '살아 있는 이 존재들'은 질병을 예방하는 수단으로 잘 알려져 있다. 앞으로는 이미 생긴 질환을 치료할 때도 널리 쓰이게 될 것이다.

그렇다면 우리의 장이 프로바이오틱스를 필요로 하는지 어떻게 알 수 있을까? 우선은 장에 말을 건네고, 간단한 질문을 던져보자. 장은 이미 정답을 알고 있다. 왠지 모를 불안감을 느낄 때, 잠시라도 마음이 약해지는 순간이 올 때, 피로감이 몰려올 때, 약간 우울한 감정이 들 때, 가벼운 감기가 오래갈 때 등등. 바로 이럴 때야말로 세균에게 도움을 요청해야 한다. 프로바이오틱스가 풍부한 식품이나 식품 보충제를 섭취하면서 말이다. 소화장애를 겪는 과민증 환자들은 특히 더 그러한데, 프로바이오틱스는 이따금 마비가 올 정도의 불안감이 줄어들도록 도와줄 것이다.

치료를 위해 장내 미생물을 억제하거나 죽이는 항생제, 소염제, 항불안제를 단기간 복용할 때도 장에는 프로바이오틱스가 필요할 수 있다. 프로바이오틱스는 이 약들을 먹은 후에 생기는 성가신 증상들, 특히 설사 증세를 완화해준다. 프로바

이오틱스가 크론병 같은 자가면역질환이 발전하는 것을 억제
하는 데 유익하다는 연구 결과도 있다.

❷ 프로바이오틱스의 효과를 어떻게 확인할 수 있을까?

어떤 사람에게는 효과가 전혀 없을 수도 있고 또 어떤 사람
에게는 매우 유용한 효과를 보이는 등 모든 프로바이오틱스
의 효과가 동일하게 나타나는 것은 아니다. 그래서 나는 환자
들에게 결과와 상관없이 15일가량 한 브랜드의 프로바이오틱
스를 먹고 나서 다른 브랜드로 바꿔보라고 권한다. 브랜드마
다 프로바이오틱스에 사용하는 균주가 다르므로 특정 브랜드
의 프로바이오틱스가 내게 안 맞아서가 아니라 다른 프로바이
오틱스가 맞지 않을 수도 있으니 확인하는 과정이 반드시 필
요하기 때문이다.

❸ 프로바이오틱스를 반드시 섭취해야 할까?

모든 사람이 프로바이오틱스를 먹을 필요는 없다. 건강한
음식을 먹고 적절한 신체 활동을 하며 심각한 가족력이 없는
사람은 프로바이오틱스를 먹지 않아도 된다.

프랑스의 영화배우 콜뤼슈Couche가 "흰색보다 덜 흰색은 밝
은 회색이지만 흰색보다 더 흰색은 무엇인가? 투명한 색?"이

라고 말한 바 있는데, 건강한 사람이 프로바이오틱스를 복용하는 건 흰색을 더 희게 만들려는 무익한 시도일 뿐이다.

❹ 프로바이오틱스를 보충제 형태로 먹었을 때 어떤 위험이 따를까?

모든 치료는 이롭지만 부작용을 배제할 수는 없다. 그것이 의학의 법칙이며, 늘 그렇듯 균형의 문제다. 그러니 의사는 효과가 부작용을 앞선다고 하면 항생제 복용으로 미생물총이 교란된다고 해도 이를 쓴다. 마찬가지로 때에 따라서는 부작용이 매우 크지만 효과를 끌어올리기 위해 화학 치료도 서슴지 않는다.

다만 의사와 상의하지 않은 상태라면 프로바이오틱스를 먹지 않는 편이 더 좋을 수도 있다. 특히 항암 치료 과정에서 새로운 면역요법으로 좋은 효과를 보는 사람들이 그러한 경우다. 이 치료법은 종양을 파괴하는 것이 아니라, 세포의 염증을 유발해 암세포를 드러나게 함으로써 환자의 면역체계가 그 암세포에 대항하도록 돕는다. 즉 미생물총을 조정해 신체의 면역력을 끌어올리고 치료 중인 암의 반응을 조절하는 것이다.

자신의 몸에 이물질이 있을 때도 마찬가지다. 프로바이오틱스가 이물질에 정착하면 매우 심각한 감염을 초래할 위험

왜 아무 이유 없이 우울할까?

성이 있다. 그래서 면역력이 떨어진 사람이나 백혈구의 상당
량이 감소한 환자들에게는 프로바이오틱스를 추천하지 않는
다. 게다가 건강한 사람이 프로바이오틱스를 복용하면 드물
지만 해로운 결과를 얻을 수도 있다. 그러니 절대로 세균과 게
임을 해서는 안 된다.

　의심스러운 경우에는 프리바이오틱스를 복용하는 편이 낫
다. 프리바이오틱스는 우리에게 건강을 선사하는 녹색 채소
농축물에 가히 비할 만하다.

❺ 어떤 기준에 따라 프로바이오틱스를 선택해야 할까?

　나는 그동안 해왔던 임상경험과, 국립보건의학연구소에서
내가 이끄는 연구팀 그리고 세계의 여러 연구진이 실행한 연
구 결과를 바탕으로 환자들에게 프로바이오틱스를 처방한다.
그중에서도 가장 효과가 컸던 비피도박테리움 롱검, 락토바
실루스 헬베티쿠스, 락토바실루스 람노서스를 자주 쓴다.

　만일 프로바이오틱스의 효과를 강화하고, 저용량의 여러 프
리바이오틱스보다 고용량의 프로바이오틱스 하나를 선호한
다고 해도, 이 세균들을 따로 복용해야 하는지 혹은 함께 복용
해야 하는지에 관한 공식적인 지침은 없다.

　그러니 출처가 불분명한 데다가 누구라도 손쉽게 퍼다 나

를 수 있는 인터넷의 검색 결과를 신뢰하기보다는 균주를 다양화해 여러 제품을 직접 테스트해보자. 그리고 과학적인 연구 결과를 알고 있는 의사나 약사에게 의견을 구하자. 프로바이오틱스를 마음대로 골라서 살 수 있더라도 이들의 조언은 소중하다. 15일가량 복용해보면 당신이 구매한 프로바이오틱스가 도움이 되는지 안 되는지 드러날 것이다.

프로바이오틱스를 복용할 때는 세균을 죽이지 않기 위해 어떤 경우든 뜨거운 음료와 같이 섭취해서는 안 되며, 최소한 30분 간격을 두고 먹어야 한다.

❻ 프로바이오틱스는 위약효과가 있을까?

많은 약이 위약효과를 가지고 있다. 객관적으로 볼 때도, 이러한 믿음은 우리의 신경전달물질을 바꾸어놓고 건강을 좋게 하기에 이롭다.

나는 환자에게 필요하다고 느낄 때, 그들의 상태를 개선할 수 있으리라는 확신이 들 때 프로바이오틱스를 처방한다. 그런데 이 보충제가 실제로 환자의 상태를 나아지게 했다면, 그것은 과연 위약효과 때문이라고 단언할 수 있을까? 위약효과가 환자에게 기여하는 부분에는 어떤 것이 있고, 위약을 쓸 때 주의할 점은 무엇일까? 수많은 약들 사이에서 이 질문은 기피

될 수 있지만, 어쨌든 환자들은 프로바이오틱스만으로도 건강을 회복한다.

위약효과는 어쩌면 우리 인간성의 일부분에서 기인한 것일 수도 있다. 물론 의학은 증명된 사실을 기초로 하는 학문이지만, 우리 인간은 로봇이 아니다. 의사는 책에서 배운 대로 치료법을 곧이곧대로 적용하기보다는 환자의 상태에 따라 적절한 치료 방식을 선택한다. 예를 들어 어떤 화학요법이 18세에서 75세 사이의 사람들에게 효과적이라는 연구 결과가 있다고 했을 때, 76세 환자에게도 그 치료법을 적용하는 게 옳은 일일까? 인공지능 로봇은 한 치의 주저함도 없이 안 된다고 하겠지만, 생각할 줄 알고 공감 능력을 지닌 사피엔스인 의사는 적절한 상황 판단을 거친 후에 그렇다고 답할 것이다. 현재로서는 프로바이오틱스도 이와 마찬가지라 생각한다.

❼ 요구르트, 사우어크라우트, 유산균 음료를 통해 프로바이오틱스를 섭취하는 것만으로도 충분할까?

건강한 사람들은 괜찮지만, 과체중이거나 당뇨병 환자인 경우, 우울증을 앓거나 불안증이 있는 사람, 혹은 이 책의 앞부분에서 말한 증상들을 겪고 있으며 장내 미생물 불균형인 사람에게는 이 식품들로부터 얻는 프로바이오틱스의 양이 충분하지 않을 수 있다. 식품을 통해 얻을 수 있는 세균의 다양성이 보충제 형태의 프로바이오틱스보다 훨씬 크다고 할지라도 말이다.

그런데 시중에 나온 프로바이오틱스 균주들은 실험실에서 많은 양을 배양한 덕분에 소화과정에서 파괴되지 않고 장에 도달할 수 있지만, 이런 제품들로도 미생물총의 불균형을 회복할 수 없을 때가 종종 있다. 우리 배 속에는 100조 마리의 세균이 존재하며, 이들 균주의 숫자는 약국에서 살 수 있는 프로바이오틱스 보충제 속의 균주들보다 무한히 많기 때문이다.

❽ 사우어크라우트는 얼마나 먹어야 할까?

식품으로 섭취하든 보충제 형태로 섭취하든, 프로바이오틱스는 우리의 장내에 정착하는 데 적합하지 않다. 대개 장내에는 우리 자신의 고유한 세균들로 이미 가득 차 있다. 새로운 세균들은 자신이 맡은 역할을 수행하며 장을 지나가고, 장을 통과하고 나면 사라진다.

사우어크라우트를 매일 먹으면 복통이 일어날 수 있으니 날마다 먹는 것은 피하는 것이 좋다. 그 대신에 세균을 함유한 식품은 매일 섭취해야 한다. 신체는 균형을 중시하고, 자연은 극단적인 것을 좋아하지 않으므로 '프로바이오틱스 식품'을 다양하게 먹도록 하자. 경질치즈나 연질치즈, 사우어크라우트, 두부, 요구르트 등을 매일 번갈아 챙겨 먹으면 건강에 아주 좋다.

그 반면에 식이섬유와 몸속 세균들의 먹이인 프리바이오틱스가 풍부한 과일과 채소를 많이 먹는 사람들, 지중해식 식단과 비슷한 음식을 먹는 사람들은 앞서 언급한 음식들을 종종 섭취하는 것만으로도 충분하다.

❾ 내게 알맞은 프로바이오틱스 식품을 어떻게 알 수 있을까?

우선 복통이나 복부팽만을 유발하지 않는 프로바이오틱스 식품을 골라야 한다. 발효된 사우어크라우트나 요구르트 속의 락토스를 받아들이지 못하는 사람들도 있다. 그 외로 세균들이 이미 락토스를 소화한 상태인 경질치즈와 연질치즈 그리고 유산균과, 유산균을 포함한 프로바이오틱스는 흡수가 훨씬 잘된다. 어쨌든 가장 중요한 건 자신의 몸이 들려주는 소리에 귀를 기울이는 것이다.

❿ 우유를 마시지 않는다면 요구르트로 대체해야 할까?

락토스를 분해하고 흡수하지 못하는 유당불내증이 있는 사람들이라도 프로바이오틱스가 락토스를 이미 소화한 상태의 식품인 요구르트나 경질치즈, 연질치즈를 먹는 데는 문제가 없다. 게다가 숙성 치즈는 락토스 성분이 아예 없거나 거의 가지고 있지 않다.

더구나 시중에는 '락토스 프리' 우유와 요구르트가 꽤 많이 나와 있다. 또 두유, 코코넛우유, 아몬드우유 같은 식물성 우유는 당분의 양만 주의하면 먹어도 된다. 그리고 우유나 유제품을 먹지 않는 어른들은 두부, 아몬드, 녹색 채소 섭취를 통해 부족한 칼슘을 보충해야 한다. 다만 아이들에게는 진짜 우유가 필요하다는 사실을 잊지 말아야 한다.

⑪ 시중에 판매하는 프로바이오틱스에 의존하게 될 위험성이 있을까?

그럴 위험성은 없다. 프로바이오틱스 치료가 끝난 뒤라면, 우리의 장은 더는 프로바이오틱스를 원하지 않을 것이다. 하지만 장내 미생물 생태계는 이전 상태로 되돌아가려는 특성 때문에 우리가 식단을 바꾸지 않는다면 같은 질병에 또다시 걸릴 수밖에 없다. 그런데 식단을 바꾸었음에도 시간이 지남에 따라 프로바이오틱스 효과가 사라지는 환자들이 꽤 있다. 이럴 때는 프로바이오틱스 균주를 바꿔야 한다.

⑫ 내가 프리바이오틱스를 충분히 섭취하는지 어떻게 알 수 있을까?

공식적으로 알려진 프리바이오틱스에는 이눌린, 프락토올리고당, 갈락토올리고당, 락토스, 이렇게 4종이 있다. 한마디로 펙틴을 포함한 거의 모든 식이섬유를 프리바이오틱스라고 생각하면 된다.

프리바이오틱스 일일권장량은 30~45그램의 식이섬유로, 다음은 우리가 먹는 식품들 100그램에 들어 있는 식이섬유의 양이니 적절한 섭취량을 가늠해볼 수 있을 것이다.

▶ 아몬드: 12.6g   ▶ 붉은 과일: 6~7g

▶ 귀리: 11g   ▶ 익힌 렌틸콩: 4.2g

▶ 익힌 브로콜리: 2.23g   ▶ 통곡물빵: 5.6g

⑬ 채식주의자도 보충제 형태의 프리바이오틱스를 복용해야 할까?

채식주의자들은 많은 채소를 먹는다. 즉 많은 식이섬유를 섭취한다. 따라서 프리바이오틱스 보충제를 먹지 않아도 된다. 다만 비타민 B12의 결핍이 없는지 주의를 기울여야 한다.

비타민 B12는 동물성 식품인 고기, 생선, 계란, 우유, 유제품 등에만 들어 있으므로 비타민 B12가 부족할 경우에는 보충제로 영양소의 불균형을 해소하고 부족한 영양소를 보충해야 한다. 그리고 철분 섭취도 충분히 이루어지고 있는지 살펴야 한다. 콩, 캐슈너트, 렌틸콩, 시금치 등에 철분이 들어 있기는 하지만 채식만으로는 철분 필요량을 다 채우지 못하는 경우가 많기 때문이다.

⑭ 마늘이나 양파를 싫어한다면 어떤 채소를 먹어야 할까?

모든 채소로 대체할 수 있다! 하지만 진짜 문제는 건강하게 요리해 먹으려면 비용이 많이 들 뿐 아니라 레토르트식품의 포장지를 벗겨 오븐이나 전자레인지에 넣어 조리하는 것보다 시간이 더 든다는 것이다.

문제는 어떤 이들은 건강식에 익숙하지 않을뿐더러 건강하게 먹는 법을 배우지 못했다. 이 문제 또한 우리 사회의 불공평한 단면을 드러낸다. 건강 문제가 불평등과 불공정의 가장 큰 원천이라는 것 역시 사실이다. 통계학적 연구 결과만 보더라도 서양에서 사회경제적으로 가장 상위층에 있는 사람들은 건강 문제를 덜 겪고 있으며, 비만 문제도 덜하고, 우울증도 덜 겪는다는 사실을 알 수 있다. 그렇다면 이것은 음식의 문제일까, 아니면 돈과 관련한 문제가 누적되어 나타난 현상일까? 내 생각에는 양쪽 모두에 연결된 문제인 것 같다.

ⓕ 향신료는 나의 미생물총에 좋을까? 그렇다면 용량은 어느 정도로 해야 할까?

향신료에는 항산화, 항염증이라는 효능이 있어서 건강에 유익하다. 향신료는 몸에 흡수되지 않거나 흡수되더라도 그 양이 매우 미미하며 그조차도 간에서 재빠르게 파괴된다. 따라서 이들의 유익한 효과는 미생물총을 거쳐 나타날 수 있다. 여러 연구에 따르면, 소화 세균들이 향신료를 우리의 장내 미생물총에 유익하게 변경할 수 있다고 한다. 즉 향신료가 프리바이오틱스로 작용하는 것이다.

나는 보충제 형태로 판매하는 고용량 캡슐보다는 향신료를 매일 섭취하는 것을 선호한다. 어쩌다가 한 번씩 먹는 강황 한 스푼이나 약간의 후추가 우리의 건강에 큰 효력을 발휘하지 못하는 게 사실이라면, 여러 해에 걸쳐 향신료를 매일 조금씩 섭취하는 것이 훨씬 긍정적인 효과를 낸다고 생각하는 편이 더 논리적일 것이다.

⑯ 임신부가 프리바이오틱스를 먹어도 될까? 그렇다면 프로바이오틱스는 어떨까?

프리바이오틱스에 관해서라면 이 질문에 대한 답은 분명히 긍정적이다. 특히 임신부는 과일과 채소를 많이 먹는 것이 좋다. 임신부가 건강하다면 프로바이오틱스 보충제를 먹을 필요는 없다. 다만 전문가들은 리스테리아균에 감염될 위험이 있으므로 생우유로 만든 치즈를 제외한 요구르트, 사우어크라우트, 치즈 같은 식품은 섭취하라고 권고한다.

뉴질랜드의 웰링턴빅토리아대학교Victoria University of Wellingto 와 오클랜드대학교University of Auckland 연구진은 임신부가 임신 중기 때부터 락토바실루스 람노서스를 섭취하면 임신성 당뇨와 산후우울증을 예방하는 데 도움이 된다고 말한다. 만약 출산이 가까워졌을 때 미생물총의 약화를 이끄는 감염병에 걸려서 항생제를 복용해야 할 경우에는 출산 예정일 2주 전부터 프로바이오틱스 보충제를 먹기 시작하면 된다.

⑰ 아동에게는 몇 살 때부터 프리바이오틱스를 처방할 수 있을까? 그렇다면 프로바이오틱스는 괜찮을까?

프리바이오틱스는 모유수유가 끝난 직후부터 섭취하는 것이 좋다. 아이의 미생물총이 만들어지는 과정 중에 있으므로

왜 아무 이유 없이 우울할까?

아이의 장내세균들을 먹이는 일이 필요하다.

프로바이오틱스의 경우에는 3세 이전 아동, 특히 모유수유가 끝난 아이에게 처방해도 되는지에 대해 확실한 답을 주는 과학적 연구 결과가 아직 없다. 미생물총 전문가인 소아과의사 알렉시스 모스카^{Alexis Mosca}는 의학계가 이 문제에 대해 명확한 답을 내놓지 못하고 있다고 고백했다.

한 가지 분명한 사실은 지금의 아이들은 이전 세대의 아이들보다 미생물총이 풍부하지 않은 상태로 태어난다는 점이다. 그러니 이론적으로는 어린이들에게 프로바이오틱스가 유용하며, 특히 알레르기 위험을 예방해줄 락토바실루스 람노서스와 소아당뇨를 예방해줄 비피도박테리움 인판티스가 도움이 될 수도 있다.

나 역시 가족력과 관련한 질병의 위험이 있는 아이들과 모유수유를 하지 못한 아이들은 프로바이오틱스를 섭취하는 것이 도움이 되리라고 생각한다.

⓲ 프로바이오틱스 치료를 하면 내가 원하는 날짜까지 2킬로그램을 감량할 수 있을까?

가능하다! 프로바이오틱스와 프리바이오틱스는 장벽의 투과성에 영향을 준다. 또 앞서 말했듯이, 이 둘은 하프니아 알베이처럼 포만감을 불러일으켜서 식욕을 가라앉힌다. 특히 식이섬유가 풍부한 식품에 들어 있는 프리바이오틱스는 포만감을 더욱 빨리 느끼도록 도와준다. 하지만 체중을 감량하기 위해서는 무엇보다 식단을 잘 관리하면서 운동을 병행해야 한다.

⑲ 시험을 앞두고 있을 때나 구직 면접 전에 나의 미생물총을 어떻게 관리해야 할까?

내 딸 오리안은 시험이 있는 11월이 되면 '11월 병'이라고 불리는 기이한 우울증에 걸렸다. 시험에 대한 걱정과 스트레스가 증가하고, 늘어난 학습량 때문에 잠을 제대로 자지 못해서인지 그때마다 딸의 상태는 좋지 않았다.

나는 딸에게 수면을 유도하는 항불안제 대신 프로바이오틱스를 복용하게 했다. 딸은 몇 주간을 간격으로 15일 동안 락토바실루스와 비피도박테리움이 든 프로바이오틱스를 꾸준히 복용했고 그 덕분에 평안한 마음을 되찾을 수 있었다.

내가 딸에게 권한 균주 혹은 같은 효과를 낼 수 있는 다른 균주들을 마그네슘과 함께 복용하면 불안감을 줄이는 데도 유용하다. 시험이나 면접같이 중요한 일을 앞두고 있다면 한 달 전부터 프로바이오틱스를 복용하는 것이 좋다.

⓴ 실직, 이혼, 가까운 사람의 죽음 등 극심한 스트레스를 극복하는 데, 프리바이오틱스나 프로바이오틱스가 정말로 도움이 될까?

인생에서 어떤 사건들은 우리의 정신을 무너뜨리고 건강을 망가뜨린다. 이를테면 가까운 사람이 죽었을 때 우리는 애도의 과정을 통해 상실의 아픔을 극복해나간다.

스위스 출신의 미국 정신의학자인 엘리자베스 퀴블러로스 Elisabeth Kübler-Ross는 『죽음과 죽어감』에 슬픔과 상실의 5단계에 대해 정리해놓았다. 이 책에 따르면 인간은 엄청난 상실을 경험했을 때 다음 5단계에 따라 극복해나간다. 이것은 바로 부정, 분노, 타협, 우울, 수용의 단계인데, 각 단계가 항상 순서대로 진행되는 것은 아니다.

각 단계는 존중되어야 마땅하다. 하지만 때때로 특정 단계가 너무 오래 이어지면 일상으로 되돌아가는 게 버거울 수도 있다. 물론 나의 의견이지만 이러한 슬픔을 혼자 이겨내기 어려운 사람들에게는 프로바이오틱스나 프리바이오틱스 보충제, 혹은 균주인 프로바이오틱스와 그들의 먹이인 프리바이오틱스 통합제를 권한다. 이것들이 다시 살아갈 힘을 줄 것이다.

㉑ 장내 미생물들은 겨울철 질환을 예방하는 데 도움이 될까?

그렇다. 이들이 면역체계를 조정하기 때문이다. 그래서 나는 사람들에게 겨울이 오기 전에 프로바이오틱스나 프리바이오틱스 치료를 하라고 조언하곤 한다.

물론 더 좋은 방법은 장내 미생물을 더 풍부하게 해줄 채소와 과일, 브로콜리, 요구르트가 중심이 된 식단으로 바꾸는 것이다. 목표는 미생물총을 조정하고, 면역력을 강화하는 것이다. 그 효과는 소화관 전반에 걸쳐 나타날 것이고, 몸뿐만 아니라 정신에도 흡족할 만한 결과를 낼 것이다.

피로나 정신적 스트레스는 우리의 면역에 영향을 미칠 뿐 아니라 감염에도 취약하게 만든다는 사실을 잊지 말자. 겨울을 나기 위해 휴식하는 법과 과로하지 않는 법을 배우자. 무엇보다 자기 몸이 내는 목소리에 귀를 기울여야 한다. 이렇게만 해도, 겨울철 질환을 효과적으로 예방할 수 있다.

㉒ 환절기에 나의 미생물총을 어떻게 준비해야 할까?

결핍에 대항하고, 면역계와 정신 건강을 강화하기 위해서는 먹는 것에 주의를 기울이고 자신의 건강과 자신의 미생물총을 잘 관리해야 한다. 이를 위한 가장 손쉬운 방법은 제철

왜 아무 이유 없이 우울할까?

과일과 채소를 먹는 것이다. 이는 건강에 도움이 될 뿐 아니라 항염증 효과와 더불어 불안도 잠재워준다. 붉은 고기를 제한 하고, 흰색 고기, 가금류, 생선을 가까이하자. 내가 특별히 조언하고 싶은 건 어떤 경우든지 매일 한 끼는 전분이 든 음식을 피하라는 것이다. 특히 저녁식사 때 먹지 않는 것이 가장 좋다.

중요한 또 한 가지는 저녁식사 후에 야식을 먹지 않는 것이다. 왜냐하면 이 시간대에 음식으로부터 독소가 훨씬 더 많이 나오기 때문이다. 그리고 저녁에 과식하는 것도 피해야 한다. 물론 근무시간이 불규칙적인 직장인들에게는 어려운 일일 것이다. 간호사, 소방관, 야간경비원 들의 통계자료를 살펴봤을 때, 규칙적으로 일하는 직장인들에 비해 더 많은 건강 문제를 안고 있었고, 우울증을 앓았으며, 인지장애도 더 많았을 뿐 아니라 과체중으로 고생했다. 그러니 이러한 직업군에 종사하는 이들은 자신이 먹는 음식에 특별히 더 신경을 써야 한다.

감사의 말

내가 생각하는 최고의 결과물은 다른 사람과의 협업을 통해 나온 것이다. 그러니 나와 함께 일하고 있는 연구팀이 없었더라면 어떠한 성과도 얻지 못했을 것이다.

간소화기센터에서 나와 함께하는 동료들, 앙투안 베클레르 병원의 영양센터 동료들에게 고마운 마음을 전한다. 특별히 내가 책임지고 있는 건강센터의 관리자인 로랑스Laurence에게 감사를 표한다. 또 국립보건의학연구소의 '마이크로바이옴과 간질환; 감염과 치료'팀의 모든 사람에게 고맙다는 말을 하고 싶다. 특히 나와 생명과학 연구에 대한 열의와 열정을 공유하고 있는 안마리 카사르에게 다시 한번 고맙다는 말을 전하고

왜 아무 이유 없이 우울할까?

싶다.

또 이 책의 편집자인 수잔나 레아Susanna Lea, 레오나르 앙토니Léonard Anthony 그리고 기욤 로베르Guillaume Robert에게 감사의 말을 전한다. 이들은 내가 원고를 완성할 수 있도록 끊임없이 격려해주었고 집필 방향에 대한 조언 역시 아끼지 않았다. 독자들에게 의학과 과학을 가장 쉽고 좋은 방식으로 소개할 수 있도록 조언해준 제난 카레 타게르Djénane Kareh Tager에게도 깊은 감사를 표한다.

또한 에마뉘엘 리브Emmanuelle Ribes에게 고맙다. 우리가 알게 된 때부터 그는 늘 나를 높이 평가하고 격려해주었다. 수잔나, 레오나르, 기욤, 제난, 에마뉘엘은 이 책을 집필하는 동안 어떤 말로도 표현할 수 없을 만큼 진정한 친구로 거듭났다.

지금의 나를 있게 해준 환자들에게 더할 나위 없이 각별한 마음을 가지고 이 책을 써나갔다. 무엇보다 그들이 내게 보여준 신뢰에 무한한 감사의 인사를 전한다. 늘 기적의 연속이지만 부서지기 쉬운 우리의 인생에서 건강 문제를 겪는 것보다 더 불공정한 것은 없기에 더욱 그렇다.

매일 나와 함께하며 이 책을 쓸 시간을 준 어머니와 내 두 딸, 오리안과 에바에게 진심으로 고맙다. 내가 가야 할 길을 미리 걸으신 뛰어난 의학교수이자, 내가 미생물총 연구를 시작하도록 해주었고 뇌 기능에도 열정을 지니신 아버지 레옹 페를뮈테르Léon Perlemuter에게도 마음 깊이 감사드린다. 내가 이 책을 쓰는 동안 나의 반려견 제피르Zéphyr 또한 늘 차분하고 좋은 기분으로 내 곁에서 혹은 내 무릎 위에서 함께해주었다.

우정의 참된 가치를 보여준 훌륭한 외과의사 그레구아르 데루아드Grégoire Deroide에게도 고맙다는 말을 하고 싶다. 내가 참고했던 미디클로리안의 중요성에 대해 시시때때로 그와 함께 의견을 나누곤 했다.

마지막으로, 인내심을 가지고 내게 의학과 과학에 대한 열정을 일깨워준 카디자Khadija에게 감사를 전한다.

저서

Perlemuter Gabriel, Montani David, Perlemuter Léon & co-direction d'une collection en 18 volumes destinée aux étudiants en médecine, 『Cahiers des ECN』, Paris: Elsevier Masson, 2018.

Perlemuter Gabriel & Perlemuter Léon, 『Guide de thérapeutique Perlemuter, Plus de 1000 maladies, plus de 3000 médicaments; livre+application』(10 édition), Paris: Elsevier Masson, 2019.

Perlemuter Gabriel & Perlemuter Léon, 『Guide pratique infirmier; livre+application』(6e édition), Paris: Elsevier Masson, 2020.

『Gut Microbiota: a full-fledged organ』, collectif, Arcueil: John Libbey Eurotext, 2017.

Perlemuter Gabriel & Cassard Anne-Marie, 『Les bactéries, des amies qui vous veulent du bien』, Chicago: Solar, 2016.

Perlemuter Gabriel, Pitard Laurence & co-direction d'une collection destinée étudiants en soins infirmiers, 『Les Cahiers infirmiers』, Elsevier Masson.

Perlemuter Gabriel, 『Les Pouvoirs cachés du foie』, Paris: Flammarion/Versilio, 2018.

Perlemuter Gabriel, Perlemuter Léon, Quevauvilliers Jacques, Amar Béatrice, Aubert Lucien, Pitard Laurence & co-direction d'une collection en 27 volumes destinée aux étudiants en soins infirmiers, 『Nouveaux Cahiers de l'infirmière』, Paris: Elsevier Masson.

연구 논문

국립보건의학연구소에서 내 지도하에 시행된 많은 연구는 동료들의 인준을 받아 대부분 영어인 국제 학술지에 발표되었다. 이 논문들은 모두 국립의학도서관 사이트 (https://www.nlm.nih.gov/)에서 찾아볼 수 있다. 가장 최근에 발표한 논문들 중에서 미생물총과 관련한 자료들을 이곳에 인용했다.

발행 논문

『Activation of Kupffer cells is associated with a specific dysbiosis induced by fructose or high fat diet in mice』, PLoS One, janvier 2016.

『Alcohol withdrawal alleviates adipose tissue inflammation in patients with alcoholic liver disease』, Liver International, 2015.

『Antidepressant-induced liver injury : a review for clinicians』, American Journal of Psychiatry, 2014.

『Bile acid homeostasis and intestinal dysbiosis in alcoholic hepatitis』, Aliment Pharmacol Ther, novembre 2018.

『Body fat distribution and risk factors for fibrosis in patients with alcoholic liver disease』, Alcohol Clinical and Experimental Research, 2013.

『Characterization of intestinal microbiota in alcoholic patients with and without alcoholic hepatitis or chronic alcoholic pancreatitis』, Sci Rep, mars 2018.

『Circulating bugs in blood in alcoholic liver disease』, Hepatology, avril 2018.

『CXCR4 dysfunction in non-alcoholic steatohepatitis in mice and patients』, Clinical Science, 2015.

『Decreased expression of the glucocorticoid receptor-GILZ pathway

왜 아무 이유 없이 우울할까?

in Kupffer cells promotes liver inflammation in obese mice」, Journal of Hepatology, avril 2016.

「Fecal microbiota manipulation prevents dysbiosis and alcohol-induced liver injury in mice」, Journal of Hepatology, avril 2017.

「Gut microbiota transplantation demonstrates its causal role in the development of type 2 diabetes and fatty liver」, Gut, 2013.

「Intestinal microbiota contributes to individual susceptibility to alcoholic liver disease」, Gut, 2016.

「Liver function test abnormalities in depressed patients treated with antidepressants : A Real-World Systematic Observational Study in Psychiatric Settings」, PLoS One, mai 2016.

「Microbiota, Liver Diseases, and Alcohol」, Microbiology Spectrum, août 2017.

「Recovery of ethanol-induced Akkermansia muciniphila depletion ameliorates alcoholic liver disease」, Gut, mai 2017.

「Toxic lipids stored by Kupffer cells correlats with their pro-inflammatory phenotype at an early stage of steatohepatitis」, Journal of Hepatology, 2012.

「Transient elastography alone and in combination with FibroTest® for the diagnosis of hepatic fibrosis in alcoholic liver disease」, Liver International, 2017.

「Transplantation of human microbiota into conventional mice durably reshapes the gut microbiota」, Sci Rep, mai 2018.

출간 준비 중이거나 연구 중인 논문들

「Bile acids receptor TGR5 deficiency worsens liver injury in alcohol fed mice through intestinal microbiota dysbiosis」

「Blood microbiota and metabolomic signature of major depression before and after antidepressant treatment」

「Microbiota tryptophan metabolism induces AhR activation and improves alcohol-induced liver injury」

「Specific microbiome profile in takayasu arteritis and giant cell arteritis」

왜
아무 이유 없이
우울할까?

1판 1쇄 인쇄 | 2021년 8월 16일
1판 1쇄 발행 | 2021년 8월 19일

지은이 | 가브리엘 페를뮈테르
옮긴이 | 김도연
발행인 | 김태웅
기획편집 | 박지호, 김슬기
외부기획 | 민혜진
디자인 | design PIN
마케팅 총괄 | 나재승
마케팅 | 서재욱, 김귀찬, 오승수, 조경현, 김성준
온라인 마케팅 | 김철영, 임은희, 장혜선, 김지식
인터넷 관리 | 김상규
제　작 | 현대순
총　무 | 안서현, 최여진, 강아담, 김소명
관　리 | 김훈희, 이국희, 김승훈, 최국호

발행처 | (주)동양북스
등　록 | 제2014-000055호
주　소 | 서울시 마포구 동교로22길 14 (04030)
구입 문의 | 전화 (02)337-1737 팩스 (02)334-6624
내용 문의 | 전화 (02)337-1739 이메일 dymg98@naver.com

ISBN 979-11-5768-733-6 03180